F・W・ニーチェ
適菜 収・訳

キリスト教は邪教です！

現代語訳『アンチクリスト』

講談社＋α《プラスアルファ》新書

訳者から――本来の神の姿をゆがめたキリスト教

キリスト教なんて自分とは関係ない、どうでもいい、という方がほとんどだと思います。それもそのはず、わが国のキリスト教信者は人口のわずか一パーセント程度。キリスト教が国教になっている欧米諸国はともかく、お隣韓国（二四パーセント）やフィリピン（九三パーセント）などのアジアの国々と比べても、はるかに少ない数字です。

ふつうの日本人がキリスト教を意識するのは、クリスマスイブか洋風結婚式のときくらい。それも「イベントにかこつけて大騒ぎしたい」「オシャレな教会でウエディングドレスを着たい」からであって、本気でイエスに祈りを捧げているわけではありません。

かと言ってキリスト教は嫌われてもいない。「イスラム原理主義みたいにテロを起こすわけでもないし、どこかの団体みたいに強引な勧誘をするわけでもない。どちらかというと温和でソフトなイメージがあるよね」と、なんとなく好意的に世間に受け止められています。

多くの日本人にとってキリスト教は「なんかよさげに見えるけど、ふだん意識することのない」宗教であると言っていいでしょう。

しかし、本当に私たちとキリスト教は関係ないのか。どうでもいいのか。「どうでもよくない」と言ったのがドイツの哲学者ニーチェです。

なぜなら、自分の立場がどうであれ、世の中の仕組みはすでにキリスト教によってできあがってしまっているからです。キリスト教は世界最大の宗教であり、信者の数は約二〇億人。つまり、世界の人口の三割以上がキリスト教徒なのです。

「私たちは無意識のうちに、キリスト教的な考え方、行動パターンに巻き込まれている。宗教というはっきりした形をとらなくても、政治思想や哲学などに姿を変えて、キリスト教はじわじわと世界中に広がっている」とニーチェは言います。

そういう意味では、もしかしたら、日本人のほとんどが「キリスト教徒」なのかもしれません。

ですから、キリスト教について考えることは、世界について考えること、日本について考えること、そして自分自身について考えること、につながるのです。

さて、問題はキリスト教がどんな宗教なのかです。

もしキリスト教がよくない宗教なら、当然その悪影響は大きいわけですから。

ニーチェは「神は死んだ」と言いました。

しかし、実は彼は神の存在を否定したわけではありません。

本来の神の姿をゆがめたキリスト教の「神」を批判したのです。

「神」と言うから話がややこしくなる。なぜなら、「神」という言葉に、すでに人間のような姿をしたキリスト教の神のイメージが重なってしまっているからです。

「神」とは、そういうものではありません。

そこが本書のポイントです。

ニーチェは危険な思想家です。

キリスト教の本拠地で「王様は裸だ」と言ってしまった。

あまりにも本当のことを言ったので、聞く耳を持ってもらえなかったり、都合よく解釈されてきた。それは当然です。ニーチェは、私たちの思考の土台そのものを批判したのですから。

ニーチェによると、体内にキリスト教という毒を持ったまま、考え続ける宿命を持っているのが私たち近代人なのです。

てな話を私がここでぐだぐだ言っていても仕方がありません。本書を読んでいただくのが一番です。それがニーチェを理解していただく、ひいては世の中を理解していただく手っ取り早い方法だからです。

哲学の本というのはなかなか難しくて読むのに骨の折れるものです。そこで本書は、ニーチェの代表作『アンチクリスト』を、ニーチェの肉声をよみがえらせるような形で「現代語訳」しました。つまり、どなたでも理解できるようにわかりやすくしたわけです。

文章の流れを整えるため、加筆省略した箇所もわずかながらありますが、ニーチェの意図を損なわないように、基本的には原文に忠実に翻訳しました。また、原典には英訳をはじめ、過去の日本語訳も参考にさせていただきました。

なお、時代的な背景から、現代では差別的ととられかねない表現が散見されますが、文意を損なう恐れのある箇所のみ、そのまま残しました。

本書は、一八九五年に刊行されましたが、今読み返してみても決して古くなっていません。ニーチェは「自分の視野は二〇〇年後まで見通す」と言っていますが、その言葉通り、現在の世界を混乱させている元凶をずばり言い当てています。

ニーチェも言うようにキリスト教は戦争を必要とする宗教です。日米戦争、パレスチナ問題、ベトナム戦争、イラク戦争などにおける、アメリカをはじめとするキリスト教原理主義国の行動パターンも、本書をお読みになれば、すっきりと腑に落ちることと思います。

そして、こうした独善的な宗教の、もっともコアな部分にいる人たちに支えられているのが、アメリカ合衆国大統領、ジョージ・W・ブッシュです。

「今さらニーチェかよ」ではなくて、今こそニーチェは読まれるべきだと私は思っております。

本書はニーチェの数ある著作の中でも、圧倒的におもしろく、圧倒的に危険な書物です。その知的なスリルとジェットコースターに乗っているような興奮をぜひ味わってください。

二〇〇五年四月

適菜《てきな》　収《おさむ》

はじめに

これから私がお話しすることは、もしかしたら少数の人たちにしか受け入れられないかもしれません。それに正直に言って、皆さんがこの本の内容を完全に理解されることは難しいのではないかと私は思っています。

私はこの本を熱い気持ちを持ち続けながら書き下ろしました。それを受け止めていただくためには、皆さんには、まず「精神的」なことがらに対して、きびしく、正直であってほしいのです。

私が皆さんに一番言いたいことは、人間は高貴に生きるべきであるということです。

それでは、「高貴に生きる」とはいったいどういうことなのか。

たとえば、現在の政治状況に対して、うんざりしている人は多いのではないでしょうか。「政治なんてどうでもいいや」と思っている人は結構いるはずです。でも、私に言わせればそれは非常に正しいことなのです。

そんなものに正面からかかわっていてはいけません。上から見下ろしてバカにしていればいいのです。もっともらしい難しい顔をして、「真理は役に立つのだろうか」とか「真理は災いになるのではないか」などと考えていてはダメなのです。それは本当の問題ではありません。

考えることをためらってしまうような問題を愛すること。

「そんなことを考えてはいけないよ」と言われるようなことをしっかりと考えること。

そっちのほうがよっぽど大切です。

一人ぼっちになって迷路の中を進んでいくこと。

新しい音楽を聞き分けることのできる耳を持つこと。

身の回りだけでなく遠くまで見渡すことのできる眼を持つこと。

そして、これまで隠されてきた本当の問題に対して、すなおな気持ちで向かい合うこと。

そういったことが一番大切だと私は思っています。

このようなすべての力のことを、私は「意志の力」と呼んでいます。皆さんには、この「意志の力」をいつも持っていてほしいのです。そして「意志の力」を持つ自分をうやまい、愛し、誇りに思ってほしい。

私はこのような人たちのために、本書を書き上げました。そうでない人は、残念ながら私とは関係のない、単なる人類にすぎません。私は単なる人類と人は違うものだと考えています。力によって、魂の高さによって、人は単なる人類であることを超えなければならないのです。

そのためには皆さんは、くだらないものはくだらないと、はっきり軽蔑するべきなのです。

フリードリッヒ・ヴィルヘルム・ニーチェ

目次◉キリスト教は邪教です！――現代語訳『アンチクリスト』

第四章　戦争を生み出す『新約聖書』

第五章　敵はキリスト教なり

第一章　「神様」ってそういうことだったのか

「悪」とは何か？

はじめに自己紹介をいたします。

私は言ってみれば、北極に住んでいるのです。つまり、世間に対して非常に大きな距離をとっている。本当の幸せは実はこちらのほうにあるということに私は気づいてしまったからです。

われわれは「近代」という病気にかかっています。先行きが見えなくて、皆、ただため息ばかりついている。

たとえば、今、いくら世の中が平和だといっても、それはやっぱり姑息《こそく》な平和だと言わざるを得ない。そのほとんどが、臆病な妥協の産物なのです。

やたらとものわかりがよくなって、なんでも許してしまうような風潮がありますよね。

それも、心が広いことの証《あかし》なのかもしれませんが、やはり、私たちはそういうぬるま湯的なものを拒絶して、生きていかなければならないと思うのです。

でも、世間のことなんかどうでもいいというスタンスをとっていると、次第に暗くなっていったり、「あいつは運命論者だ」などと陰でコソコソと悪口を言われたりする。まあ、そういうつらいこともありますが、あえてそうしているわけです。

なぜなら、私にはいくつかの基本的な考えがあるからです。そこをまず大まかにお話ししておきましょう。

まず、最初に「善」とは何かということから考えたいと思います。

「善」とは私に言わせれば、権力の感情を、権力への意志を、権力自身を、人間において高めるすべてのものです。

それでは「悪」とは何かといいますと、弱さから出てくるものすべてです。

では「幸福」とは何でしょう。それは、力がみなぎっていくこと、勝ち抜いたということ、頂点をきわめたということ、なのです。

弱い人間やできそこないの人たちは、落ちぶれていくべきだと私は考えています。こういうことを言うと、皆さんは驚かれるかもしれません。

しかし、本当に人間というものを愛するのなら、落ちこぼれたちがダメになっていくのを、むしろ背中から後押しするべきです。人間という存在が本当に素晴らしいものになっていくためには、それが必要なのです。それこそが、本当の人類愛というものです。だからダメな人間に同情することは、非常にいけないことなのですね。キリスト教という宗教がありますが、あれはその典型です。

キリスト教

一世紀の中頃、パレスチナで生まれた宗教。「キリスト」は救世主という意味。「イエスは人類を罪から解放するために十字架にかかった」とされ、四世紀にはローマ帝国の国教に。現在では欧米を中心として世界各国に広がっている。ローマカトリック、ギリシア正教、プロテスタントの三つの流派がある。

「進歩主義」は間違った思い込み

この本のテーマの一つは、「どうやったら、より価値の高い人生を送ることができるか」です。価値のある人生を送った人は、実は結構大勢いるのですが、やはり、大多数の人間から見れば例外なんですね。

しかも、その人たちが意識的に価値のある人生を送っていたかどうかは疑問です。そういう人たちは、目立つので、やはり世間から浮いてしまう。それで「あいつは危ない奴だ」と嫌われたり、恐れられたりしてきたのです。

そうこうしているうちに、彼らとまるっきり反対の人物像というのがよいということになってしまった。その反対の人物像というのは、キリスト教を信じている奴が典型なのです。彼らはいわば、心を病んだ動物です。

皆さんはもしかしたら、「人類はそこそこ発展して、結構うまくやっているじゃないか」などと思っているかもしれません。でも、それは大間違いです。私に言わせれば、「進歩」などというものは、近代にできあがった一つの間違った思い込みにすぎないのです。

たとえば、現在のヨーロッパ人と、ルネサンスの時代のヨーロッパ人をきちんと比べてみれば、昔のほうが断然よかったということになるはずです。「進歩」というのは、皆さんが考えているように、いろいろなものが向上していったり、強化されていくこととは違うのです。

しかし、やはり地球は広い。あちらこちらの文化のもとで、少数ながらも、素晴らしい人たちが次々と登場しています。もちろん、近代的な「進歩」とは違う意味において。本当にすごい、「超人」としか言いようがない人たちです。

そして、ここで私が皆さんに申し上げたいのは、素晴らしい人間が出現する可能性は、これからもありえるということです。

一つの民族全体がそういう素晴らしいものに脱皮できる可能性だってあるかもしれませ

ん。

ルネサンス

一四世紀のイタリアで発生し、一六世紀までに全ヨーロッパで花開いた学問・芸術の革新運動。フランス語で「再生」の意味。その名のとおり、キリスト教の価値観に支配され、人間性が失われた世の中を、古代ギリシア・ローマの文化を復活させることで乗り越える運動だった。

「原罪」にダマされた哲学者たち

さて、キリスト教の話が出てまいりました。この本のメインテーマです。

歴史を振りかえってみますと、これまで私が申し上げてきた素晴らしい人間像に対して、キリスト教はことごとく敵対してきたことがおわかりになると思います。私に言わせると、キリスト教は「悪」そのものを作り上げてきたのです。

彼らは強い人間を「悪人」と決めつけ、排除しました。

キリスト教は常に、心の弱い人間、品性が低劣な人間、できそこないの味方になってきたのです。

キリスト教ってなにか理想のようなことを、よく言いますよね。しかし、ダマされてはいけません。これまで、精神的な強さを持った立派な人たちがキリスト教によって、次々とダメになっていったのです。

一例をあげれば、昔パスカルという哲学者がいました。気の毒な話ですが、彼はキリスト教の「原罪」という教えを信じてしまったのです。「原罪」とはキリスト教に言わせると、「人間が生まれつき背負っている罪」とのこと。パスカルはそれを真に受けて、自分の理性がダメな原因は、「原罪」というものがあるからだと考えてしまったのですね。でも、私に言わせれば、はじめからそんなものを信じなければよかったのです。

パスカルの理性は「原罪」ではなくキリスト教によって腐ったのです。

パスカル

パスカル（一六二三〜一六六二）

フランスの数学者・物理学者・哲学者。「パスカルの原理」を発見するなど、物理学者としては偉大な業績を残したが、ジャンセニスムというキリスト教の分派にはまり、人間には「原罪」があると主張。死後にまとめられた著書『パンセ』でキリスト教を擁護《ようご》した。「人間は考える葦《あし》である」との言葉はあまりにも有名。

キリスト教は「同情」の宗教

私は、今の人たちは本当にダメになっていると思います。別に私は、今の人が道徳的になっていないとか、そういう説教臭いことを言いたいわけではありません。私は人々がデカダンスに陥ってしまっていることを嘆いているのです。デカダンスというのは、つまり、皆さんやる気がなくなって、ニヒルになって、なあなあになってしまっている。

私はいつも思っているのですが、今の世の中で価値あるものとされているのは、しょせんデカダンスにすぎないのです。生まれつきそなわっている本能がダメになると、人間は自分に対して害のあるものを好きになってしまうことがままある。それが、デカダンスです。「人類の理想」なんて呼ばれているものは、まさにそれ。腐りきってしまっている。

私は人間が生きることとは、力がみなぎっていくこと、力が続いていくこと、力をためこんでおくこと、そして権力を手に入れたいという本能のことだと思っています。今、世の中で価値があるとされているものは、その正反対のものばかりではありませんか。

一言で言いましょう。キリスト教は「同情」の宗教です。

注意しなければならないのは、この同情という感情です。同情などしていると人間は力を失ってしまうのです。

自然淘汰《とうた》という言葉がありますね。自然界では弱いものは生き残っていけません。強いものだけが生き残ることによって、その種は強くなっていくのです。同情は、こういった自然界の法則をさまたげようとするものです。できそこないに同情するわけですから。

こうして「同情」は、低レベルの人間を世の中にあふれさせ、人間の生をいかがわしいものにしていったのです。

皆さんは「弱いものにはやさしくしなさい」と教えられたかもしれません。でも、これは本質的な、高貴な道徳からしてみれば、ウソにすぎません。私が「今の人はダメにな

ショーペンハウエル

アリストテレス

っている」といったのは、誰もが「同情」をいいことだと考えているからなのです。

ショーペンハウエルという人をご存じでしょうか。この人はドイツの哲学者ですが、なんでもかんでも悪いほうへ悪いほうへと考えてしまう人なのです。生きることにとても悲観的になってしまっている。それなのでショーペンハウエルが「同情」というものに肯定的だったのは当然でしたし、ある意味で彼は鋭かったのです。なぜなら、同情によって人間の生きる行為が否定されるわけですから。「同情」は、人間の価値を低下させる道具です。そして、その目的は、「あの世」とか「神の救い」といった間違ったものに、人間を向かわせることなのです。

アリストテレスという人は、きっと皆さんもご存じでしょう。古代ギリシアの大哲学者です。この人はちょっと気のきいたことを言いました。「悲劇というのは下剤みたいなものだ」と。「同情」という病的でムカムカするものを、さっぱりさせるには悲劇を観るのが一番であると言ったのです。下剤を飲んで出してしまえ、と。これはさすがだと思います。
こういった不健康な「同情」に私たちは一撃を加えなければなりません。
それが私たちなりの人類愛なのです。そして、それによってこそ、私たちは哲学者になるのです。

ショーペンハウエル（一七八八～一八六〇）

ドイツの哲学者。「世界は不条理であり、人生は苦に満ちている」と説いた。著書『意志と表象としての世界』では、「人間は満たされない欲望を追い求めつづけるため、永遠に幸せになれない。それが世界の本質である。この苦を免れるためには意志を否定するしかない」と主張した。

アリストテレス（前三八四～前三二二）

古代ギリシアの大哲学者。プラトンの弟子だが、師の「イデア論」を批判。プラトンが「すべてのものごとの背後にはイデアという〝本質〟が存在する」と説いたのに対して、アリストテレスは「ものごとの関係性の中にしか〝本質〟はありえない」と主張した。『形而上学』など著書多数。

平気でウソをつく人たち

さて、だんだんと私たちの敵がハッキリしてきたようです。私たちの敵はキリスト教の神学者とこれまでの哲学すべてなのです。

哲学すべてなどというと、「なにをおおげさな」と皆さんはお思いになるかもしれません。しかし、これは冗談ではありません。ものごとを少し考えている人にはおわかりになっていただけるかもしれませんが、これまでのヨーロッパの哲学は、すべてキリスト教が土台となっているのです。

ですから、その悪影響は、当然哲学にも及んでいる。

たとえば、理想主義者などと呼ばれている連中がいますね。ああいうのは実はキリスト教のクソ坊主と根は一緒なんです。偉そうな顔をして小難しい理屈をこねまわしていますが、結局のところ、高みに立って現実を批判しているだけ。その本質的なくだらなさに自分では気づいていないのですから始末におえません。

「ものごとを判断する力」「感覚」「名誉」「日々の生活の楽しみ」、そして「科学」に対して、うすら笑いをうかべて見下し、どこかに純粋な「精神」があると考える。

バカですよね。こうなると公害です。純粋な精神なんて、純粋なウソに決まっているじゃないですか。

人間の価値をおとしめるのを仕事にしている人たち、つまり、僧侶たちが「高級な人間」とされているかぎり、「真理とは何か」という問題に答えることはできません。

要するに、彼らの中では真理が逆立ちしてしまっているのですね。

彼らには誠実さのかけらもありません。彼らの信仰とは、自分がついているウソに苦しまないために、眼をつむって自分をごまかすことです。

こういった人たちが、そのひねくれた根性で、「道徳」などというものをでっちあげるのだから、たまったものではありません。そして自分たちが勝手に作り出した価値観を、「神」や「救い」「永遠性」といったものに結び付け、異なる価値観を持つ人々を認めようとしないのです。

こういう自分勝手な人ってどこにでもいますよね。彼らの存在こそが、人類にとっての本質的な問題なのです。

こういったデタラメは神学者の本能になっています。彼らが「真」と感じるものは、すべてニセモノです。これを基準に真偽の判定ができるくらいです。彼らは人間にとって害があるものを「真」とし、人生をより豊かにするものを「偽」としているのですから。彼らの本能が現実を否定するのです。神学者の影響が及ぶところでは、価値判断がひっくり返ってしまっている。

こうしてキリスト教の神学者たちは、王や領主、民衆の「良心」につけこんで、権力を握ろうとしているのです。

間違いだらけのカントの哲学

哲学というと、なにやら難しくて高級な学問のように、お思いかもしれません。しかし、そんなことはありません。現在の哲学はキリスト教の神学者たちによって、どうしようもないものに変形させられてしまっているからです。ドイツの哲学だって、もとをたどればキリスト教なんです。

カントなんていう有名な哲学者がいますが、この人もその類《たぐい》。ドイツの学会は、ほとんどキリスト教徒ですから、カントが登場したときには、浮かれまくって大騒ぎしたものです。

カントは危険人物です。彼は悪意に満ちた間違いを二つも犯しました。それは、実際にはありもしない「真の世界」という考えをでっちあげたこと。そして「世界の本質としての道徳」というわけのわからない考えをでっちあげたことです。

カントはこの二つの間違った考えを、非常にうまく料理して、哲学として完成させてしまいました。つまり、この間違った考え方になかなか反論のできない仕組みを作ってしまったわけです。

「理性、または理性の権利は、真の世界にまで及ばない」「現実は仮の姿にすぎない」などなど。

カント

キリスト教に支配されているドイツの学会が大喜びしたのも当然ですね。

これによってカントは哲学界のスターになりましたが、私に言わせれば、彼は哲学者としてではなく、キリスト教の神学者として成功しただけです。

私がカントに言いたいのは簡単なことです。「道徳」とは、私たちの人生において、私たちが作り出したものであるということ。

そして私たちを守るものであり、私たちにとって必要なものでなければならないということです。決してそれ以外のものではありません。

カントのように単純に「道徳を大切にしよう」という考えは百害あって一利なし。普遍的な「道徳」「義務」「善」なんて幻想にすぎません。

カントの考え方と自然界の法則は正反対です。

人間はそれぞれ「自分の道徳」を自分で発見していくのが自然なのです。

高いところから見下ろした、抽象的で、一般的な「道徳」などというものはどこにもありません。

この図式は民族に置き換えても同じことです。

民族は自分たちの義務、つまり自分たちが自分たちの手で行わなければならないことを、抽象的で一般的な「義務という考え」と取り違えてしまったときに、徹底的にダメになってしまうのです。

こういった、カントの持っている危険思想というか、非常に危ないところをこれまで誰も指摘してきませんでした。これは大きな問題です。

人間の本能は、ある行動が正しいかどうかを、それが気持ちのいいことかどうかで判断します。

しかし、キリスト教の本能を持つカントは「快楽」を曲解するのです。

これではお話になりません。カントというのは本当にタチが悪い犯罪者なのです。同じ時代に活躍していた大作家のゲーテも草葉の陰で泣いていることでしょう。こういったレベルの低い輩《やから》が、いまだに哲学者などといって世間で通用していることに、私はただ驚くしかありません。

ゲーテ

結局、カントの失敗の原因は、歴史をきちんと見ていないことにあるのです。カントはフランス革命のうちに、道徳による「人類の善への傾向」なんてものを見ているようですが、それではその「傾向」とやらを証明することができるのでしょうか。

カントの本質はデカダンスにすぎないのです。

カント（一七二四〜一八〇四）

ドイツの哲学者。人間の理性の限界を説いた。「人間は感性と直観という認識形式を使ってものごとを理解しており、その形式が適用できないもの（たとえば神や自由）は、人間は絶対に理解できない」とし、それらを「物自体」と名付けた。著書に『純粋理性批判』『実践理性批判』など。

ゲーテ（一七四九〜一八三二）

ドイツの詩人・劇作家・小説家・科学者・哲学者・政治家。若き日は古典主義や啓蒙主義に反対する文学の革新運動「疾風怒濤《シュトゥルムウントドランク》」の代表的存在だったが、やがて古代ギリシア・ローマの作品を規範としたドイツ古典主義をシラーらとともに確立する。小説『若きウェルテルの悩み』、戯曲『ファウスト』など。

真理とは「思い込み」にすぎない

もちろん哲学の歴史上においては、まともな人、つまりものごとをきちんと批判的に見ることのできる人もいました。しかし、それはごく少数で、その他ほとんどの哲学者たちはダメでした。

彼らは自分が勝手に考えて、自分で勝手に確信したことを、真理だとみなしてきました。彼らには誠実さのかけらもありません。調子にのってカントまでが、自分で勝手に考え出したことを、「実践理性」などと名付けて、科学にしてしまおうとしたのです。

世界中どこの哲学者もそうですが、彼らの原型は僧侶です。それなので彼ら哲学者たちも、「人類を改善し、救い出し、解放してあげよう」などと思っているわけです。まったく、おこがましいにも程がある。ろくでもない人間に限って偉そうにしているものですが、その典型が哲学者なのです。

僧侶は「科学」を嫌います。僧侶自身が「真理」と「非真理」を決めるのですから。そういった考え方に、私たちは闘いを挑まなければなりません。科学的な方法によってです。

キリスト教徒が幅をきかせている世の中では、科学は「神の敵」と呼ばれて、長い間不当な位置におとしめられてきました。科学的にものごとを考えること、つまり慎重で疑い深いことが、軽蔑されてきたのです。

なぜそんなデタラメなことが続いてきたのでしょうか。

私はこうも考えます。人類が長い間、ものごとをきちんと考えることができなかった原因は、人間にとって真理とは、もともと一つの美的な趣味にすぎなかったからではないかと。

つまり、人間は美しい絵を見たときと同じような感動を、真理にも望んだのではないでしょうか。そして人間の感動に直接訴えるものを真理にしてしまった。

しかし、私たちにはそんな「趣味」はありません。

私たちははじめから学びなおしました。「精神」や「神」などといったあいまいなものに、人間の本質を見つけようとはしません。

私たちは再び、人間をスタートラインまで戻して、「人間は動物である」と考えました。人間はこの地球上で一番強い動物です。なぜなら人間が一番ずる賢いからです。

しかし、それは必ずしも人間が一番進化しているという意味ではありません。そう思ってしまうのは人間のおごりです。自然界の生物は、どれも人間と同じように、完全な形にできているものなのです。

他の動物たちに比べてみれば、人間なんて、むしろできそこないのほうかもしれませんよ。それは人間が本能を踏み外してしまった動物だからです。

デカルトというフランスの有名な哲学者がいますが、彼はすごく大胆に、「動物は機械である」と言ってのけました。この考え方は多くの人に受け入れられました。現在の生理学も、この方向を向いています。

デカルトは人間を別扱いにしていましたが、論理的に考えたら、人間もその中に含まれるはずです。

かつて、人間の「意志」や「精神」は、高級な血筋と神性を持っていることの証明とされていました。

人間を完成させるためには、まるでカメのように首や手足を引っ込めて、快楽の追求をやめることが勧められた。「肉体を超えろ」と。そして、最後に残ったものが人間の「純粋な精神」であるというわけです。

デカルト

私は、これは違うと思います。

「純粋な精神」なんて、いったいどこにあるのでしょうか。精神なんて非常にあいまいなものです。完全なものとして存在するわけがありません。人間の肉体や神経組織、快楽といったものを一切抜きにして、精神のことなどわかるはずがないのです。

デカルト（一五九六～一六五〇）

フランスの哲学者・数学者。主著『方法序説』では、キリスト教神学のもとで発展したスコラ哲学を批判。自分の存在の根拠を言い表した「我思う、ゆえに我あり」との言葉はあまりにも有名。つまり普遍的な視点、神の視点を退け、哲学のスタート地点を自分自身に置いたわけだ。

ホンモノの神様、ニセモノの神様

話が込み入ってまいりましたので、ここでキリスト教の問題点をまとめておきましょう。

第一に、「神」「霊魂」「自我」「精神」「自由意志」などといった、ありもしないものに対して、本当に存在するかのような言葉を与えたこと。

第二に、「罪」「救い」「神の恵み」「罰」「罪の許し」などといった空想的な物語を作ったこと。

第三に、「神」「精霊」「霊魂」など、ありもしないものをでっちあげたこと。

第四に、自然科学をゆがめたこと（彼らの世界観はいつでも人間が中心で、自然というものを少しも理解していなかった）。

第五に、「悔い改め」「良心の呵責《かしゃく》」「悪魔の誘惑」「最後の審判」といったお芝居の世界の話を、現実の世界に持ち込んで、心理学をゆがめたこと。

まだまだありますが、ざっとこのようになるのではないでしょうか。

こうした空想の世界は、夢の世界とはまた別のものです。夢の世界は現実を反映していますが、彼らの空想は現実をねじ曲げ、価値をおとしめ、否定します。

キリスト教の敵は「現実」です。なぜなら、彼らの思い描いている世界と現実はあまりにもかけ離れているからです。

彼らは現実がつらいから逃げているにすぎません。

彼らは苦しんでばかりいたので、すなおに現実を認めることができなくなってしまったのですね。

それが作り物の道徳や宗教の本質です。

キリスト教をきちんと批判すれば、「神」に関しても、これまで私が述べてきたことと、だいたい同じ結論が出るはずです。

自信を持っている民族は、自分たちの神を持っています。彼らが神をまつるのは、自分たちの誇りのためです。つまり、自分たちの繁栄の条件や美徳を神に投影するのですね。誇りを持っている民族は、犠牲を捧げるために神を必要とする。そして、感謝する相手は、実は自分自身なのです。

こういった神様は単純なものではありません。

人間にとって、有益でもあり有害でもあります。味方でもあり、敵でもある。

悪いことにおいても、善いことにおいても、神は必要とされるのです。

それが本当の神の姿です。

神の持っている一面を捨ててしまって、単に善のみの神にしてしまうことはできません。

悪い神は、善い神と同様に必要なのです。

私たちの日常生活を考えてみればわかるでしょう。私たちは許したり、愛したりといった感情だけで生活しているわけではありません。怒ったり、仕返しをしようとしたり、ヤキモチをやいたり、他人のことをバカにして笑ったりして生きている。それを理解しない神なんて、人間は必要としないし、理解することもできないのです。

しかし残念ながら、かつてそのような神が必要とされてしまったのです。民族が徹底的にダメになっていくとき、そして彼らがすっかりあきらめてしまったとき、敵に屈服することが一番よい選択だと考えるようになったとき、彼らの神も変化してしまったのです。

神は卑怯で、臆病で、控えめになってしまい、あげくの果てには「敵を愛せ」などとバカなことを言いだしました。

こういった神は「道徳」に化けて、どんどん世間に広まっていくのですから本当にタチが悪い。やがて皆の神になり、しまいには「世界市民」になってしまう。

神とは本来、民族において、民族の強さや民族の権力を求める感情だったはずですが、現在では神はただの「善い神」になってしまいました。

それなので、一言で「神」と言っても、二通りあるわけです。

一つは、「権力への意志」があるもの。つまり民族の神々です。

そしてもう一つは「権力への無力」の神です。そういう神は必ず一面的な善の神になります。

これこそがキリスト教なのです。

神は二つの顔を持っている

「権力への意志」を失うと、生理的にもダメになります。だんだん男っぽさがなくなってしまうのですね。そういったデカダンスの神を弱者が信仰するのです。

ところが、彼ら信者たちは自分たちを弱者とは呼びません。そして必ず「私たちは善人だ」などというのです。

それでは、善い神と悪い神という二元論的なフィクションが歴史上いつ発生したのでしょうか。ここまで読まれた読者なら、もうおわかりでしょう。それは、征服された民族が自分たちの神を「善それ自体」にまでおとしめてしまったときです。

さらに彼らは、支配者に復讐するために、支配者の神を悪魔と考えるわけです。

しかし、善い神も悪魔も、片面しか見ていない点では、デカダンスの産物にすぎません。

キリスト教の神学者は、「イスラエルの神」から「キリスト教の神」へ、「民族の神」から「善それ自体」に神が変化していったことを進歩であると考えています。まったくおめでたい連中ですね。とても、つきあいきれない。

事実は彼らが言っていることの正反対です。

キリスト教では、神から、「強さ」「勇敢さ」「誇らしさ」といったものが取り除かれてしまっている。せいぜい「困ったときの神だのみ」程度のものに、神がおとしめられているのです。

今では、貧乏人、犯罪者、病人のための神が、「救世主」などと呼ばれているわけです。

これでは、この世はどうなってしまうのでしょうか。

たしかに神に対する考え方の変化によって、「神の国」は拡大したと言えます。

本来の神は、自分の民、選ばれた民を持っていました。しかし、神は外国に出かけてしまい、その結果、地球上の半分以上の人々を味方につけてしまったのです。

その「多数者の神」の正体は、実はユダヤ人の神であり、日の当たらない神であり、不健康な地域の神であるにもかかわらず。

神はすっかり弱々しくて青ざめたものになってしまった。なにしろ、屁理屈によって神を扱う時代になってしまったのですから。

そして神は「理想」になり、「純粋な精神」になり、「絶対者」になり、しまいには、「物自体」（カントの言葉）になってしまいました。

いったい「物自体」ってなんですか。さっぱり意味がわかりません。そこまで神はダメになってしまったということです。

キリスト教の神に対する考え方は、この地球上にあるすべての神に対する考え方の中で、もっともくだらないものです。キリスト教というのは、どこまで神が落ちぶれることができるのか、その参考にしたいくらいのものです。

キリスト教では、神が私たちの人生を明るくしてくれたり、未来への希望を守ってくれるのではなく、人間を不幸にさせるのです。そして神の名において、人生や自然、生きる意志といった大切なものを否定するわけです。

キリスト教では神の名において、「無」が神となり、「無への意志」が神聖であると宣告されています。

現在、北ヨーロッパ中でキリスト教がはびこっていますが、彼らヨーロッパ人がキリスト教を拒否しなかったのは、たいへん不名誉なことです。その本性を見抜いて、さっさと片をつけてしまえばよかったのに、彼らはその呪いをまんまと受けてしまった。そして、病気や老衰、矛盾といったものを、自分たちの本能の中に取り入れてしまったのです。

それ以来、彼らは自らの神を創造しなくなってしまいました。二〇〇〇年もの間、新しい神は生まれず、キリスト教という一神教の非常に退屈であわれな神が、現在でものさばっているわけです。

一神教

ユダヤ教・キリスト教・イスラム教などの、唯一絶対の神のみを信仰する宗教。エルサレムはこれら三つの宗教の聖地。一方、多神教は、多数の神々を信じ礼拝する宗教。それぞれの神がそれぞれ固有の活動領域を持っていることが多い。古代ギリシア・ローマの宗教やヒンドゥー教など。

第二章　キリスト教が世界をダメにする

仏教の素晴らしいところ

さて、これまで私はキリスト教の問題点をあげ、それが最悪の宗教であることを説明してまいりました。それでは他の宗教について私がどう考えているのか、これも大事なことなので、きちんとお話ししておきましょう。

ご存じのように、仏教という宗教があります。仏教もキリスト教に負けず劣らずたくさんの信者がおります。仏教というと、キリスト教とはまったく違う宗教というイメージがあるようですが、実は両方とも同じようなニヒリズムの宗教なのです。

しかし、仏教はキリスト教に比べれば、一〇〇倍くらい現実的です。

仏教のよいところは、「問題は何か」と客観的に冷静に考える伝統を持っていることです。これは、仏教が何百年と続いた哲学運動の後に現れたものだからでしょう。インドで仏教が誕生したときには、「神」という考えは、すでに教えの中から取り除かれていたのです。

そういう意味では仏教は、歴史的に見て、ただ一つのきちんと論理的にものを考える宗教と言っていいでしょう。

彼らは本当に現実的に世の中を見ています。仏教では「罪に対する闘い」などとキリスト教のようなことを言いません。現実をきちんと見て、「苦しみに対する闘い」を主張するのです。

仏教では、「道徳」という考えは自分をダマすことにすぎないと、すでにわかっているのですね。

ここが仏教とキリスト教の大きく違うところです。

これは私の言い方なのですが、仏教という宗教は「善悪の彼岸《ひがん》」に立っているのです。つまり、善や悪というものから遠く離れた場所に存在している。

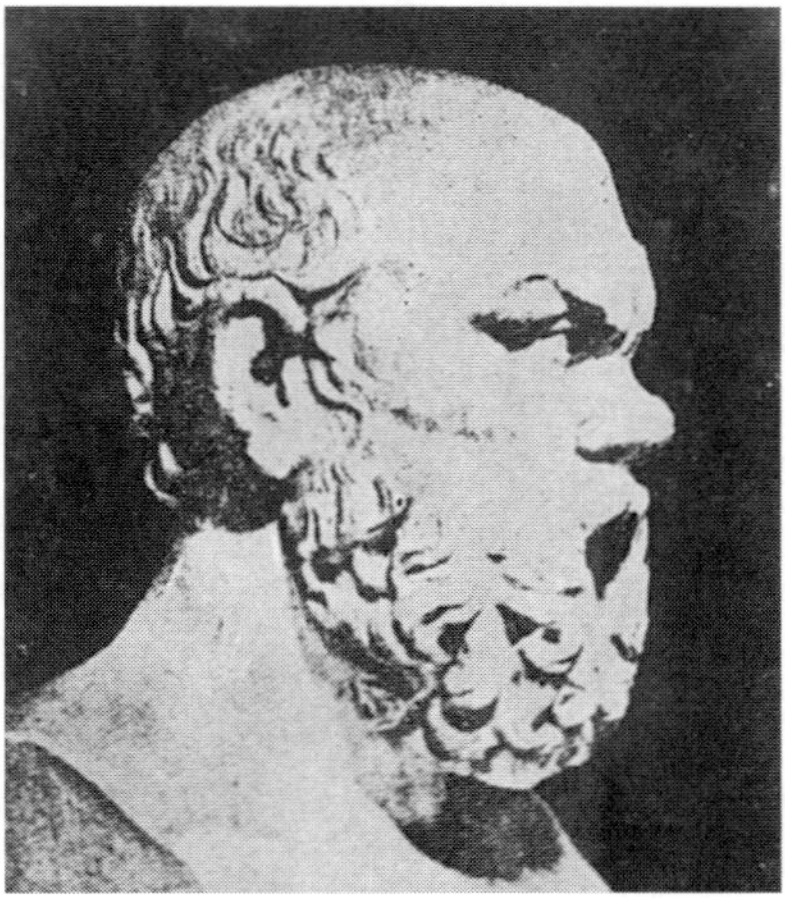

ソクラテス

それは仏教の態度を見れば明らかです。

仏教が注意しているのは、次の二つです。

一つは、感受性をあまりにも敏感にするということ。なぜなら、感受性が高ければ高いほど、苦しみを受けやすくなってしまうからです。そしてもう一つは、なんでもかんでも精神的なものとして考えたり、難しい概念を使ったり、論理的な考え方ばかりしている世界の中にずっといること。そうすると、人間は人格的におかしくなっていくのです。

　読者の皆さんも「自分も思い当たるな」とか「ああ、あいつのことだな」とすぐにイメージできるのではないでしょうか。

　仏教を開いたブッダはそういったものを警戒して、フラフラと旅に出て野外で生活することを選びました。ブッダは食事にあまりお金をかけませんでした。お酒にも用心しました。欲望も警戒しました。また、ブッダは自分にも他人にも決して気づかいしなかった。

　要するにブッダは、いろいろな想念に注意していたわけです。

　ブッダは心を平静にする、または晴れやかにする想念だけを求めました。

　ブッダは、「善意」とは、人間の健康をよくするものだと考えたのです。そして神に祈ることや、欲望を抑え込むことを教えの中から取り除きました。

　仏教では、強い命令や断定を下したり、教えを強制的に受け入れさせることはありません。なにしろ、一度出家して仏の道に入った人でも「還俗《げんぞく》」といって再び一般の社会に戻ることができるくらいですから。

　ブッダが心配していたことは、祈りや禁欲、強制や命令といったものが、人間の感覚ばかりを敏感にするということでした。

仏教徒はたとえ考え方が違う人がいても攻撃しようとは思いません。ブッダは恨みつらみによる復讐の感情を戒《いまし》めたのです。

「敵対によって敵対は終わらず」とは、ブッダが残した感動的な言葉です。

ブッダの言うことはもっともなこと。キリスト教の土台となっている「恨み」や「復讐」といった考えは、健康的なものではありません。

今の世の中では、「客観性」という言葉はよい意味で使われ、「利己主義《エゴイズム》」という言葉は悪い意味で使われています。

しかし、「客観性」があまりにも大きくなってしまい、「個人的なものの見方」が弱くなってしまうのは問題です。また、「利己主義」が否定され続けると、人間はそのうち精神的に退屈になってくるものです。

こういった問題に対して、ブッダは「利己主義は人間の義務である」と説きました。要するに、問題を個人に引き寄せて考えよう、と言ったわけです。

あの有名なソクラテスも、実は同じような考え方をしています。ソクラテスは人間の持っている利己主義を道徳へと高めようとした哲学者なのです。

仏教
釈迦の説いた教え。「人生は苦である」というところから出発し、八種の「徳目」を行うことで悟りの境地に達することができると説く。紀元前五世紀、インドのガンジス川中流に発生し、分派しながらアジア全域に普及した。わが国には六世紀に伝来。ちなみに「ブッダ」とはサンスクリット語で「悟った人」の意味。

ソクラテス（前四七〇～前三九九）
古代ギリシアの哲学者。「無知の知」、つまり自分の無知を自覚することが、正しい認識に至る方法であると主張した。また、対話を通じて哲学を展開する問答法によって当時の賢人たちを論破。その恨みを買って、裁判で死刑を宣告された。著書はないが、弟子のプラトンが数多くの発言録を残している。

多様な文化を認めないキリスト教

それではなぜ、仏教はこれほどまでにキリスト教と違うのでしょうか。
その原因は、まず仏教がとても温かい土地で誕生したということ、またその土地の人たちが寛大でおだやかで、あまり争いを好まなかったことなどがあげられるでしょう。

そして重要なのは、仏教が上流階級や知識階級から生まれたことです。

仏教では、心の晴れやかさ、静けさ、無欲といったものが最高の目標になりました。そして大切なことは、そういった目標は達成されるためにあり、そして実際に達成されるということです。

そもそも仏教は、完全なものを目指して猛烈に突き進んでいくタイプの宗教ではありません。ふだんの状態が、宗教的にも完全なのです。

ところがキリスト教の場合は、負けた者や押さえつけられてきた者たちの不満がその土台となっています。つまり、キリスト教は最下層民の宗教なのです。

キリスト教では、毎日お祈りをして、自分の罪についてしゃべったり、自分を批判したりしている。それでもキリスト教では、最高の目標に達することは絶対にできない仕組みになっているのです。

フェアじゃないですよね。暗い場所でなにかコソコソやっているというのがキリスト教なのです。肉体が軽蔑され、ちょっとしたものでもすぐに「イヤらしい」などといってケチをつける。

かつてキリスト教徒は、ムーア人（八世紀にスペインに侵入したアラビア人）をイベリア半島から追放したのですが、彼らが最初にやったことは、コルドバだけで二七〇軒もあった公衆浴場を全部閉鎖したことでした。

キリスト教徒というのは異なった文化を認めようとしないのですね。それどころか、考え方が違う人たちを憎むのです。そして徹底的に迫害する。とても暗くて不健康で危険な人たちなのです。

キリスト教徒ってのは、言ってみれば神経症患者みたいなものです。常に神経が過敏な状態が、彼らにとっては望ましいのです。

キリスト教徒は、豊かな大地や精神的に豊かな人に対して、徹底的に敵意を燃やしました。具体的に「肉体」を持っているものに反発して、自分たちは「霊魂」だけを信じている。それで、張り合おうと思っているわけです。

キリスト教は、立派な心がけ、気力や自由、あるいは心地のいいこと、気持ちがいいこと、そして喜びに対する憎しみなのですね。

キリスト教が下層民のもとで誕生すると、やがてそれは野蛮な民族の間に広まっていきました。野蛮な民族は、仏教徒と違って、不満や苦しみを、敵に危害を加えるという形で外に出していったのです。

逆に言いますと、キリスト教は野蛮人を支配するために、野蛮な教えや価値観が必要だったのです。たとえば、初めての子どもを犠牲に捧げる風習や、晩餐《ばんさん》で血を飲む儀式などがそうです。

このように、キリスト教というのは、人間の精神と文化への軽蔑なのです。

仏教は、いい意味で歳をとった、善良で温和な、きわめて精神化された種族の宗教です。残念なことに、ヨーロッパはまだまだ仏教を受け入れるまでに成熟していません。仏教は人々を平和でほがらかな世界へと連れていき、精神的にも肉体的にも健康にさせます。

キリスト教は、野蛮人を支配しようとしますが、その方法は彼らを病弱にすることによってです。相手を弱くすることが、敵を飼い慣らしたり、「文明化」させるための、キリスト教的処方箋《しょほうせん》なのです。

仏教は文明が発達して終わりに向かい、退屈した状態から生まれた宗教ですが、キリスト教は、いまだに文明にたどりついていないのです。

真理と「真理であるという信仰」

キリスト教に比べたら、仏教は一〇〇倍も誠実で客観的な宗教です。仏教では、苦しみを罪の結果と考える必要はありません。なぜなら、仏教では正直に「私は苦しい」と言うからです。

しかし、野蛮人は自分が苦しんでいる事実を認めたくないので、理由づけを必要とする。けれど、それによって結果的には、ひそかに苦に耐えることになってしまうのです。

「悪魔」という言葉は、彼らにとって都合のいい言葉でした。なぜなら、「悪魔のような恐ろしくて強い敵のせいで苦しんでいるのなら、特にそれを恥ずかしいと感じる必要がない」と言い訳ができたからです。

実はキリスト教は、もともと東洋にあった考え方を利用しています。

それは、「あるものが真理であるかどうか」はどうでもいいことであって、「真理であると信じられていること」が重要だということです。

「真理」と「真理であると信じられていること」は、まったく別です。ほとんど正反対であると言ってもいいでしょう。

東洋の賢者たちは、これをきちんと理解していました。バラモン教徒も秘教や密教を身につけた人たちも、皆がそうです。あのプラトンだってそうなんですよ。

たとえば、「幸福とは罪から救われたと信じることにある」のだとしたら、その前提となるのは、「人間に罪がある」ことではなく、「人間が自分に罪があると感じる」ことです。

つまり、キリスト教においては「信じる」ことが大切なのです。

キリスト教における真理とは、観察や研究によって発見するものであってはなりません。要するに、真理への道は閉ざされているのですね。

プラトン

キリスト教は「希望」というものを上手に使います。苦しんでいる人たちに対して、簡単に満たされて用済みになってしまわないような「希望」を、彼らの手の届かないところにわざと置く。そうやって人を釣るわけです。

また、キリスト教は人気を集めるための

「工夫《くふう》」をたくさんしました。

「神の愛」というくらいだから、神は人間のような姿をしていたほうがいい。庶民の人気を得るためには神は若者にしたほうがいい。女性を熱中させるために、美しい聖者を登場させよう。男性を熱中させるために聖母マリアを前面に押し出そう、などなど。

しかし、こういったバカバカしいヨタ話がヨーロッパで受け入れられてしまったのは、いったいなぜなのでしょうか。

やはりヨーロッパは、ギリシア神話の美の女神であるアフロディテや、彼女に愛された美少年アドニスに対する礼拝があるような地域だからなのでしょう。

いずれにせよ、こういった「工夫」によって、キリスト教の礼拝は、ますます熱狂的なものになっていきました。

彼らは「愛」を利用しました。「愛」とは、ものごとをありのままに見ない状態だからです。人間はそこで夢やまぼろしを見ます。また、「愛」は人間に我慢することを教えます。それで、キリスト教は人々に愛されるような物語をでっちあげたわけです。

キリスト教が、「信仰」「愛」「希望」というキーワードを利用したのは、ある意味では賢かったのです。それによって、上手に人をダマせたわけですから。

仏教がこういう方法を使わないのは、ものごとを現実的にきちんと考えるテクニックを持っているからです。

バラモン教

古代インドの民族宗教。『ヴェーダ』を聖典とし、複雑な祭式を行った。最高神は固定されておらず、儀式ごとに異なる神を最高神の位置に置いた。また、司祭階級はブラフマンと呼ばれ、神に近い存在とされた。階級制度のカースト制を持つのが特徴で、四世紀頃には民間信仰などが加わりヒンドゥー教に発展した。

プラトン（前四二七頃〜前三四七）

古代ギリシアの哲学者。ソクラテスの弟子。ものごとの背後には「イデア」という本質が存在すると主張して、西洋哲学史に大きな影響を与えた。そこから、「人間が認識できる美はイデアのまねごとにすぎない」と、芸術を批判。著書に、ソクラテスを主人公にした『ソクラテスの弁明』『国家』などがある。

アフロディテ／アドニス

アフロディテはギリシア神話の美と愛の女神。オリンポス十二神の中の一人で、ゼウスとディオネの娘とも、泡から誕生したともいわれている。アドニスは、アフロディテに愛された美少年。イノシシの牙にかかって死んだが、倒れた場所に流れた血の跡から、アネモネが生えたといわれる。後に農業神とされた。

キリスト教とユダヤ民族の関係

キリスト教がどこで誕生したのかを考えることは大切なことです。キリスト教がユダヤ民族から生まれた宗教であることは、皆さんご存じだと思います。

たしかにイエスはユダヤ教の諸制度に反対しましたが、キリスト教は、ユダヤ民族の持っている本能に反発したわけではなく、むしろその性質を徹底させているのです。

『新約聖書』には「救いはユダヤ人から来る」という言葉があります。

さて、イエスの出身地であるガリラヤの人々の性格が次第にゆがめられて、やがて「人類の救世主」という役割がイエスに与えられました。

ユダヤ人は世界でもっとも注意しなければならない民族です。彼らは狙ったものを、どんな手段を使っても手に入れようとするからです。彼らユダヤ人がやったことの代償は非常に高くつきました。

ユダヤ人は、自然や私たちの暮らし、私たちの精神世界を、徹底的にニセモノに作りかえました。民族が民族として生きていくために必要なものすべてに反抗し、自分たちの手で、自然の法則に対立する考えを作っていきました。宗教や礼拝、道徳や歴史、心理学といったものを、本来の姿とはまったく違ったものにねじ曲げていったのです。

これは到底許されることではありません。

つまり、キリスト教がやったことは、ユダヤのマネゴトなんですね。キリスト教がオリジナルではないのです。

このことを見ても、ユダヤ民族がやったことが、いかにトンデモないことかおわかりになるでしょう。これは、人類への裏切りなのです。

現在のキリスト教徒は、自分たちがユダヤ的なものの最終的な姿であるのに気づかず、「自分たちは反ユダヤ的だ」などと思っているのですから始末におえません。

私は以前『道徳の系譜』という本を書き、「高貴な道徳」と「ルサンチマン道徳」という対立した考えについて説明したことがあります。

「ルサンチマン道徳」とは、弱い人間の恨みつらみから発生した道徳のことです。つまり、ユダヤ的、キリスト教的な道徳です。それは、「高貴な道徳」をなんとか否定しようとして発生したものです。

人生をよりよく生きること、優秀であること、権力、美、自分を信じること。こういった大切なものを徹底的に否定するために、彼らはまったく別の世界をでっちあげていきました。

心理学的に見ると、ユダヤ民族はとても強力な生命力を持っています。彼らは不幸な状態に陥ると、自発的にすべてのデカダンス（退廃）に味方するのです。デカダンスに支配されるためではなく、デカダンスを利用して権力を握るためです。

つまり、ユダヤ人とデカダンスはセットなのですね。

彼らは人生を肯定する人たちに対抗するために、天才俳優のようにデカダンスを演じ始めました。そして、その演技こそ、パウロが始めたキリスト教だったのです。

デカダンスは、ユダヤ教やキリスト教の権力者、僧侶たちにとっては、手段にすぎません。彼らが人間に興味を持つのは、人類を病気にして弱くさせたいからです。そして、「善と悪」「真と偽」といった考えを、世界全体をおとしめるような危険な意味へと変化させるのが目的なのです。

パウロ（前一〇頃～六五頃）
『新約聖書』の著者の一人。小アジアのタルソス生まれのユダヤ人で、職業はテント職人。イエスの「使徒」を自称しているが、十二使徒の中には数えられていない。当初はユダヤ教徒としてキリスト教を迫害したが、ミイラ取りがミイラに。「イエスの犠牲と復活」という神学をでっちあげ、キリスト教の理論家となった。

「気持ちいいこと」は後ろめたい？

イスラエルは自然が持っている価値を抑え込んできた国です。

かつて、大昔の王国時代のイスラエルには自然の美しさがありました。イスラエルの神エホバは、権力や喜び、希望の象徴でした。人々はエホバに勝利を祈り、救いを求めました。そして自然は人々が必要とするもの、つまり雨を与えたのです。

エホバはイスラエルの神でした。だからこそ正義の神だったのです。

これは、権力を握っており、そこに良心のやましさなんかを感じない、すべての民族が持っている論理です。

神をまつるということは、民族が強くなったことや、季節の移り変わり、豊作などに対する感謝なのです。

しかし、あるときイスラエルで大きな混乱が起きました。国内が無政府状態になり、隣の国からアッシリア人が侵入してきたのです。

国内はすっかり荒れ果て、すべての希望は失われてしまいました。エホバもすっかり無能になってしまいました。

そのときにイスラエルの人々は、神を捨ててしまえばよかったのです。しかし、彼らユダヤ民族がやったことは、神をそれまでとまったく違うものに作りかえることでした。

そのせいで、神と自然は結び付かなくなってしまったのです。

エホバは、もはやイスラエルの神ではなく、民族の神でもなく、条件つきの神になってしまいました。そして、ついに神は僧侶たちの都合のいい道具となってしまったのです。

僧侶たちは「すべての幸福は神のおかげだ」「すべての不幸は神を信じないことへの罰だ」などと言い始めました。

まず「原因」があり、それが「結果」につながるというのが自然界の法則です。彼らが言っていることは、その正反対。そしてついには、「道徳的世界秩序」などというよくわからないインチキな言葉がまかり通るようになってしまったわけです。

これが、「報いと罰」というカラクリです。

彼らは自然界の法則を否定すると、今度は自分たちに都合のいい、反自然的な法則を作っていきました。

そのせいで「道徳」は民族が生きていくうえで必要なものではなくなり、また、民族が生きていくための本能でもなくなってしまった。「道徳」はやたらと難しいものになり、よりよい人生を送るためには、むしろ邪魔なものになってしまったのです。

このようにユダヤ人の道徳、キリスト教の道徳は、人間の自然なあり方をゆがめてきました。

私たちはたとえ災難にあっても偶然の不幸だと考えます。しかし、彼らはそれを「罪に対する罰だ」などと決めつけます。気持ちがいいことは「悪魔の誘惑」であって、気分が悪いのは「良心が痛むから」なのだそうです。ずいぶん勝手なものですね。

イスラエル

『旧約聖書』によって伝えられている古代国家。ヘブライ語で「神が支配する地」の意味。前一一世紀の後半、統一王権として成立するが、その後分裂。アッシリアなどの外国人勢力によって滅ぼされた。現在のイスラエルは、世界中に散らばっていたユダヤ人がイギリスなどの加担により二〇〇〇年の時を超えて復活させた国。

エホバ

ユダヤ教・キリスト教の聖典『旧約聖書』におけるイスラエル民族の神。ヘブライ語では「ヤハウェ」と呼ばれ、天地万物の創造者・宇宙の支配者・人類の救済者で唯一絶対の神とされる。古代イスラエルが滅ぼされ、「バビロン捕囚」などでユダヤ人が迫害を受ける中で、一神教の性格を帯びるようになっていった。

アッシリア

セム族がチグリス川の上流アッシュールを中心に建てた帝国。前三〇〇〇年ごろから繁栄を続け、前七世紀初頭には鉄製武器により軍事力を増強。メソポタミアからエジプトにまたがるオリエント最初の統一帝国を建設した。前六一二年、分裂と内乱が続く中、カルデア・メディア連合軍の攻撃によって滅亡した。

『聖書』が変えたイスラエルの歴史

こうして、ユダヤの僧侶たちはニセモノの神や道徳をでっちあげ、本当のイスラエルの歴史を消していきました。その証拠として現在残されているのが『聖書』です。

彼らは自分たちの民族の言い伝え、歴史的事実に対して、汚い言葉をあびせかけ、宗教的なものに書き換えてしまいました。エホバに対する「罪」と「罰」、そして、エホバに対する「祈り」と「報《むく》い」という、子供だましのカラクリをでっちあげたわけです。

教会はこのようなデタラメな歴史を、数千年もの間、教え続けてきました。それなので、私たちはすっかりバカになってしまい、歴史がゆがめられていることに気づかなくなってしまったのです。

なによりも悪いのは、哲学者たちが教会の手伝いをしたことです。「道徳的世界秩序」というデタラメは、近代の哲学の中に一貫して流れているテーマです。

「道徳的世界秩序」とは、要するに「人間がするべきこと、してはならないことは、神の意志によって決められている」ということ。

また、「民族や個人の価値が、神に従うかどうかという基準によって測られ、民族や個人の運命が、神に従うかどうかによって、罰せられたり救われたりする」ということです。

要するに、単なるヨタ話です。僧侶とは、健康な人たちの精神を食いつぶして生きている寄生虫、パラサイトなのですね。

彼らは自分たちに都合がいいように神を利用します。僧侶たちは、自分たちの望みが実現される社会を「神の国」と名付けました。そしてその「神の国」を実現するための手段のことを「神の意志」と名付けたのです。

民族、時代、個人、それらすべてを、僧侶たちは「自分たちの役に立つかどうか」という基準で測るのです。

これがイスラエルの立派な時代がすっかりダメになってしまった理由です。

さらにユダヤの僧侶たちは、イスラエルの歴史上の偉い人を、必要に応じてピックアップし、「神を信じないあわれむべき人間」と勝手に決めつけて断罪しました。

要するに彼らは、「神に服従するのか、服従しないのか」という、単純でバカバカしい対立をでっちあげたわけです。

僧侶たちは実権を握るために「神の意志」というシステムを作り出しました。彼らは、「神聖な書物」、要するに『聖書』を勝手にでっちあげたうえ、それを自分たちの手によって「発見」するわけです。そして、それをうやうやしく公開する。サル芝居もいいところです。それで、「神の意志」は昔から存在していたのだから、すべての災いの原因は「神聖な書物」が尊重されてこなかったからだ、などと言いだすのです。

結局、僧侶たちは自分たちが望むものを、「神が意志しているもの」としただけなのです。たとえば、僧侶たちに支払われる税金。少額でも口やかましく請求して、それで、奴らはビフテキを食ってるわけです。

しまいには、人生のあらゆる場面で、僧侶が不可欠になってしまった。

結婚、出産、病気、死など、人生の大切な節目節目で、僧侶たちは変な儀式を行って、人から金をゆすり取ろうとします。これは皆さんも経験があるでしょう。

また、国家や裁判所といったふつうに考えても価値があるものに対し、僧侶たちは寄生虫のように食いつき、「道徳的世界秩序」という呪文によって、まったく価値がないものに変化させてしまいました。

僧侶は、自然が持っている価値を認めず、その神聖さを奪い取っていく。そして、その栄養を吸収して、生き延びているのです。

こういったろくでもない連中に服従しないことが「罪」になるのですからたまりません。

こうして、「神に服従すること＝僧侶への服従」となってしまい、僧侶のみが人間を救うことができるという、バカバカしいお話ができあがるわけです。

僧侶のような組織を持つ社会では、「罪」というものが必ず必要になります。彼らは、「罪」を利用して力を振るうからです。

僧侶たちが「罪」を利用して暮らすためには、「罪が犯される」ことが必要です。

僧侶たちは、「神は悔《く》い改めるものを許す」などと言っていますが、それは要するに、「自分たちに服従すれば許してやるよ」ということなのですね。

イエスは単なるアナーキスト

これまで述べてきたような大ウソ、デタラメ、ペテンによって、キリスト教は成り立っています。キリスト教の僧侶の言葉だけが尊重されて、それまで地上で権力を握っていたすべてのものが否定されるようになったのが現在なのです。

これは前代未聞の事件です。

僧侶たちは、教会を組織して、なにかよくわからない幻想の世界をでっちあげていきました。

ここで注意しなければならないのは、イエスの名における暴動は、実は「善なる正しい人」や「イスラエルの聖者」、社会を仕切っている政治に反抗しただけであるということです。

要するに、ダメな社会をなんとかしようとして反抗したのではなく、それまで力を持っていた、階級、特権、秩序などと対立しただけ。「身分の高い人間」に対する不信があったわけです。

結局それによって、ユダヤ教の僧侶や神学者が身につけていたすべてのものが否定されました。

しかし、こうした反乱によって疑問視されたユダヤの僧職政治は、ユダヤ民族が「洪水」の中で生き残るための方舟《はこぶね》のようなものでした。それを攻撃したということは、実は大変なことなのです。それは、民族の本能や生活、意志といった深いところにある大切な部分を攻撃することなのですから。

イエスは、下層民や仲間はずれ、犯罪者たちをあおって、ユダヤ教が支配する社会を攻撃しました。

言ってみれば、イエスというのは、アナーキスト（無政府主義者）なんですね。『聖書』に書いてあることがもし本当だとしたら、今の時代でも政治犯として刑務所に入れられるようなことを言っている。まあ、当時そういう罪があったらの話ですけれど。

結局、イエスは自分の罪が原因で死んだのです。「イエスは他人の罪のために死んだ」というお話は有名ですが、そうではありません。十字架にも、きちんとそう書いてあります。

そもそもイエスは、自分がユダヤの僧職政治に対立していると自覚していたのでしょうか。周囲の人がイエスをどうとらえたかと、イエス自身がどう考えていたかは、まったく同じではないはずですから。彼は単にユダヤの僧職政治と対立していると、他人から思われていただけかもしれません。

さて、イエスについて書かれた本が、世界一のベストセラー『新約聖書』です。

正直に言うと、私にとってこれほど読みにくい本はありません。難しいとかそういう話ではありません。

若いときには私も、ドイツの神学者のシュトラウスが書いた『イエスの生涯』なんかを一生懸命に読んだものです。これはイエスについて科学的な分析をした本です。

二〇歳の頃に読んだ本ですが、今では勘弁してほしい。私はそこまで暇ではありませんし、ものごとを真剣に考えています。イエスの伝承の矛盾なんて、どうでもいいことなのです。

そもそも「聖者の伝承」なんて、あいまいな作り話にすぎません。矛盾というなら、全部矛盾です。そういう本を科学的に読んでも仕方がないではありませんか。要するに、シュトラウスの本は単なる学者の暇つぶしなのです。

シュトラウス（一八〇八〜一八七四）
ドイツの哲学者・神学者。著書『イエスの生涯』では、『聖書』に描かれている奇跡の史実性を否定し、それを「神話」と位置づけた。そのうえで、「真のキリスト教はイエス個人ではなく人類全体によって実現させるべきだ」と説いた。つまり、科学的な装いのもとに新たなオカルトを打ち立てたわけだ。

キリスト教は「引きこもり」

私が一番興味があるのは、「イエスは本当はどんな人だったのか」ということです。時間が経つと情報は正確に伝わらずに、次第にゆがんできます。『新約聖書』はインチキ本ですが、イエスのことを考えるときには、ある程度参考にするしかないのかもしれません。

しかし問題は、イエスが何をしたのか、何を言ったのか、どのようにして死んだのかということではなく、イエスがどのようなタイプの人間であり、それが現在に伝えられているかどうかなのです。

一つ例を出しましょう。

フランスの宗教史家・作家で、『イエス伝』を書いたルナンという人がいます。この人の本はまったくのデタラメです。彼はイエスのタイプを考えるときに、「英雄」と「天才」なんてトンデモないものを持ち出してきました。

「英雄」というのは、『新約聖書』とは正反対の考え方です。

キリスト教では、抵抗しないという無能力が道徳になるのですから。

「悪いものには抵抗するな」と『新約聖書』にも書いてあります。これは、キリスト教のもっとも深い言葉であり、ある意味ではキリスト教の「鍵」なのです。

しかし、「あらゆる人間は神の子だから平等だ」などと言っているイエスを「英雄」に仕立て上げるなんて悪い冗談ですよね。

「天才」というのも違います。イエスの時代において「精神」という言葉は、私たちの時代とはまったく異なった使われ方がされていたのですから。

キリスト教信者の精神構造はこうなっています。

内側に引きこもって、神経質にものごとを考えていると、不安や恐怖に襲われる。それが極端になると、現実的なものを憎み始めるようになる。そして、とらえようもないもののほうへ逃げだしていくのです。

また、きちんとした決まりごと、時間、空間、風習、制度など、現実に存在しているすべてのものに反抗し、「内なる世界」「真の世界」「永遠の世界」などに引きこもるのです。『聖書』にも、こう書いてあります。「神の国は、あなたの中にある」、と。

現実を恨むのは、苦悩や刺激にあまりにも敏感になってしまった結果でしょうね。それで、「誰にも触ってほしくない」となってしまう。

神経質になって悩み始めると、なにかを嫌うこと、自分の敵を知ること、感情の限界を知ること、そういう大切なものを失ってしまいます。それは自分の本能が「抵抗するのに、もう耐えきれないよ」とささやいていると感じるからでしょう。

彼らは最終的に、現実世界とは別の「愛」という場所に逃げ込みます。

それは、苦悩や刺激にあまりにも敏感になってしまった結果です。

実はこれがキリスト教のカラクリなのです。

エピクロス

キリスト教は病気の一種ですが、ある意味では、快楽主義が発展したものだと私は考えています。

私がこう言うと、皆さんは驚かれるかもしれません。「快楽を否定するキリスト教と快楽主義は正反対じゃないか」と。

しかし、快楽主義を説いた古代ギリシアのエピクロスは、実は典型的なデカダンスなのです。

これは私しか言っていないことですが、快楽主義は、ほんのちょっとした苦しみに対して、とてもおおげさに怖がるのです。そして結局、彼らの問題も、「愛」の宗教しか解決することができません。

だから同じなんです。

ルナン（一八二三～一八九二）

フランスの思想家・宗教史家。科学主義・実証主義の立場から『聖書』を研究した。その結果は、著書『キリスト教起源史』（全七巻）にまとめられている。ニーチェが批判した『イエス伝』は、その第一巻。『聖書』の記述に対して「文献学的」研究を行ったインチキ本。

エピクロス（前三四一頃～前二七〇）

古代ギリシアの哲学者。快楽主義を提唱した。「快楽」といっても一般に使われている意味と違い、肉体的快楽よりも精神的快楽を求めた。わずらわしい現実から解放された心境の平静こそ求めるべきだと主張し、肉体的・精神的苦痛がない状態が唯一最高の「善」であり、人間の生活の目標であるとした。

第三章　キリスト教はイエスの教えにあらず

「それそのもの」を見ないこととは

イエスという人間のタイプが、長い歴史の中でなぜゆがんでいったのか。私はすでに答えを出しています。キリスト教会が、自分たちの宣伝に都合がいいように、イエスをどんどん変えていったからです。

『新約聖書』の世界はほとんど病気。社会のクズや神経病患者、知恵遅れが、こっそり皆で集まったような、まるでロシアの小説のような世界なのです。

ここにイエスのタイプが変化してしまった原因があります。

イエスの初代の弟子たちは、イエスというつかみどころのない人を理解することができませんでした。なんとかイエスを理解しようとしたけど、無理だった。そこで、自分たちが理解できる範囲の中に、イエスを押し込んでしまったのです。

つまり、自分たちが持っている知識のみでイエスを理解した。

彼らはそれでイエスを理解したつもりでしたが、彼らがやったことは誤解を生み出すだけでした。

信仰、つまり神を信じてあがめることには注意しなければなりません。

信仰とは、信仰されているものの特徴や欠点を見ないようにすることだからです。少し難しくいうと「信仰とはそれそのものを見ないこと」なんです。

ロシアの大作家ドストエフスキーは、こうしたデカダンスの近くにはいませんでしたが、彼のような、信仰される高貴なものや、病的なもの、子供らしいものが混ざり合う、そうした魅力を感じ取ることができる人が、誰かいたらよかったなあと私は思ってしまうのです。

イエスという人の特徴には、矛盾があります。

ドストエフスキー

山の上や湖畔、草原などで静かに教えを説くというイメージと、狂ったように攻撃的になってユダヤ教の神学者や僧侶たちに敵対するというイメージ。この二つのイエスのイメージは矛盾しています。

前者は、舞台はインドではありませんが、まるでブッダのようなおだやかな印象です。後者は、ルナンが『イエス伝』で書いたような過激な性格です。

これをどう考えたらいいのでしょうか。

私は、イエスという人間のタイプは、キリスト教を宣伝するときの興奮によって作られたと思っています。皆さんもご存じのように、宗教にはまっている人は、信仰している神様を理由にして、自分の弁解をするものだからです。

要するに、初代キリスト教団は、それまで力を持っていたユダヤ教の神学者に対抗するために、新しい神学者が必要だったのです。

それで、キリスト教団は自分たちに都合のいい「神」をでっちあげ、「再臨《さいりん》」や「最後の審判」といった、イエスの教えとはまったく関係のない言葉を、なんのためらいもなく使うようになっていったのです。

今ではそれは、キリスト教の大切な教えになっています。ひどい話ですね。

ドストエフスキー（一八二一～一八八一）

ロシアの小説家。『貧しき人々』で作家デビュー。その後、空想的社会主義サークルのメンバーとして活動したため逮捕され、死刑判決を受ける。特赦によってシベリアで服役。復帰後は理性万能主義によるインテリの暴力革命を否定し、キリスト教的人道主義者に転向した。『罪と罰』『カラマーゾフの兄弟』など著書多数。

イエスを論理的に否定できぬ理由

私はイエスを狂信的な人間だとは思っていません。ルナンは愚かにも「命令的」という言葉を使っていますが、イエスの教えの中には、そんな考え方は存在しません。

老子

イエスが説く信仰とは、闘いとるものではなく、はじめから「ある」のです。「奇跡」「報い」「約束」といった『聖書』の言葉によって証明されるようなものでもありません。

イエスの説く信仰とは、決まりごとのように固まっていないので、言葉では定義できないのです。

もちろん、まわりの環境や言語、文化など

によって、信仰の形はある程度決まってきます。初期のキリスト教も、単にユダヤの考え方を利用していただけでした。

もしイエスがインドで生まれていたら、インド哲学をしていたでしょうし、中国で生まれていたら、老子の教えを利用していたかもしれません。

イエスはやはり自由な精神を持った人だったのです。なにしろ、イエスはすべての決まりごとを一切認めなかったのですから。

イエスは、生命や真理、光といった精神的なものを、彼の言葉だけを使って語りました。そして、自然や言葉といった現実の世界にあるものは、彼にとっては単に記号としての価値しかありませんでした。

教会にダマされそうになっても、こういった視点を忘れてはいけません。

イエスという人は、歴史学や心理学などの学問とも、芸術や政治とも、経験や判断、書物といったものとも、そしてすべての宗教とも、なんのかかわりあいもないのです。

イエスは文化を知らないので、文化と闘うこともないし、否定することもありません。国家、社会、労働、戦争などに対しても同じこと。

つまり、イエスは「この世」を否定する理由を持っていなかったのです。

「この世」は教会が作り出した考えであって、イエスはそんなことを思いついたことさえなかった。

イエスにはものごとを否定することはできません。

イエスは、論理を使って考えることもなければ、「信仰や真理が、きちんとした根拠を持って証明されるかもしれない」などと考えたこともありませんでした。

イエスが行ったのは、あくまで自分自身の精神の問題を、純粋に証明しただけなのです。

イエスは、世の中にはたくさんの他の教えや意見があることを知らず、それを思い浮かべることさえなかったようです。

イエスが他の教えに出会ったとしても、心の底から同情して、「気の毒になあ」などと思うだけでしょう。自分には「光」が見えているわけですから。

つまりこれは、論理的にどうのこうのといった次元の話ではないのですね。

老子（前五世紀頃）

中国の春秋時代の思想家。思想書『老子』を書いたとされていたが、現在では複数の著者がいたことが明らかになっている。万物の根本である「道」は、すべてを規定し、すべてを生み出す宇宙の根幹であるとし、人間はむやみに知的になったり欲を出したりせず、自然体で生きるべきだと説いた。

イエスとキリスト教は無関係

ここでイエスの考えを簡単にまとめておきましょう。

最初に確認しておきたいのは、イエスの教えの中には「罪と罰」や「報い」といった考え方がないことです。神と人間との距離関係はすべて取り払われている。

イエスにとって、「信仰によって受けることのできる幸福」とは、約束ごとではなく、もっと現実的なものでした。それは「信仰」ではなく、行動する過程で決まるのです。

イエスの教えはこうです。

自分に悪意を持っている人に対して、言葉でも、心のうちでも、決して刃向かわない。

外国人と自分の国の人を区別しない。ユダヤ人と非ユダヤ人を区別しない。

誰に対しても腹を立てない。誰をも軽蔑しない。

法廷に訴えることもなく、誰の弁護も引き受けない。

どんなことがあっても、たとえ妻が浮気をしても、離婚はしない。

イエスはこれらの教えを実行に移そうとしました。

イエスにとって、ユダヤ人が行っていた儀式やお祈りは、意味のないものでした。そうではなく、イエスの教えを実践することによってのみ神へ導かれるのです。

こうして、イエスは「罪」「罪の許し」「信仰」「信仰による救い」といったユダヤ教の教えすべてを否定しました。

イエスは自分が「神の子」であると感じるために、現実的に人生を生き抜くしかなかったのです。そのことをイエスは本能的に知っていました。

どんなやり方をしても、「天国」に生きているという感じがどうもつかめない。そんなときには、どうすれば「自分が天国にいる」「自分は永遠である」と感じるようになれるのか。そういう疑問をイエスは持っていたわけです。

要するに、これはイエスのライフスタイルであって、新しい信仰ではなかったのですね。

イエスは、精神的なものだけを「真理」とみなしました。

イエスにとっては、時間や空間、歴史といった実際に存在しているものは、単なる記号やたとえ話の材料程度のものでした。

イエスの教えでは、「人の子」という考え方は、歴史上の具体的な人物などではなくて、現実的なものすべてから解放された象徴なのです。

「神」「神の国」「天国」「神の子」といった言葉も同じです。

人間のような姿をしている「神」、いつかそのうちやってくる「神の国」、あの世にある「天国」、三位一体《さんみいったい》の中の「神の子」といったキリスト教会の考え方は、実はイエスの教えとはまったく関係がないのです。

教会が「父」と「子」という言葉を使って、何を表現しているかは明らかです。「父」は「永遠性」「完結性」を表し、「子」は「すべてに光があふれるような感情に歩み入る」ということを表しているのでしょう。

教会はこうしたもっともらしい象徴を使って、物語をでっちあげてきました。まったく、恥知らずとはこのことです。

教会はキリスト教を広めるために、古代ギリシアのエロ話などを使いだし、あげくの果てには、「聖母マリアは処女で妊娠した」などと言いだしました。処女が妊娠するわけがないでしょうが。

このようにして、教会は妊娠という大切なものを汚らわしいものにしてしまいました。

「天国」とは心の状態です。地球上のどこかにあるのでもなく、あの世にあるものでもない。イエスの精神世界はまったく別の場所にあるので、死や時間、病気などといった現実的なものとは関係がないのです。

イエスの教えでは「神の国」は、たとえ一〇〇〇年待ったとしてもやってくるものではありません。それはあくまで心の問題なのですから、「神の国」はどこにでもあるし、どこにもないとも言えるのです。

キリスト教の「バカの壁」

イエスは、「人間を救う」ために死んだのではなく、「人間はいかに生きるべきか」を教えるために死にました。

実践、つまり実際にものごとを行動に移すことこそ、イエスが人類に残したものです。

イエスは、裁判官や警察官、イエスを訴えた人たちの非難やあざけり笑いに対して、反抗をしたり、権利を主張したり、自分の身を守ったりしませんでした。それどころか、彼らをそそのかしました。そしてイエスは、自分に危害を加える者たちに反抗するどころか、彼らを愛したのです。

私たちはやっと、過去一九回もの世紀が誤解してきたこの問題を、理解できるようになってきたのです。つまり、「神聖なウソ」に闘いを挑む誠実さを身につけたわけです。

でも、世間の人たちはまるでダメですね。

人々は恥知らずにも、自分の欲望、自分の利益だけを「神聖なウソ」のうちに求めてきました。いつの時代でも、そうです。

そして、イエスと正反対の教えを持つ教会を作っていったのです。

世界を理解する手がかりはキリスト教にあります。

人類はイエスの教えと正反対のものに、ひざまずいているのです。人類は「教会」の名のもとに、イエスがもっとも嫌っていたものを、神聖であると語ってきました。

これほど世界的で大掛かりな皮肉を私は知りません。

キリスト教には、「奇跡を起こす人」や「救世主」が登場します。キリスト教の精神や象徴は、すべてこういうヨタ話からきているのです。

それではなぜ、このようなバカバカしいお話が、現代でもまかり通っているのでしょうか。

実はこれは考え方が逆なのです。

キリスト教の歴史は、イエスが十字架の上で死んだ以後、その根本にある象徴主義をゆがめ続けてきた歴史なのです。

キリスト教は、頭の悪い人たちの間にどんどん広まっていきましたが、同時にキリスト教の側も、そういった人たちが理解しやすいように、教えをどんどん簡単で俗受けするもの、野蛮なものに変えていったのです。

キリスト教は、ローマ帝国の地下的な礼拝の教義や儀式、不合理な話をまるごと飲みこんでしまいました。

もちろん、それはキリスト教を宣伝するためでした。

その結果、キリスト教はイエスの教えからますます離れていき、迷信、おまじない、ヨタ話のかたまりになったのです。

キリスト教の運命はこれで決まってしまった。

キリスト教という宗教に求められたものが、病的で、低劣で、卑しいものだったので、キリスト教の信仰も、病的で、低劣で、卑しくなっていったのです。そうならざるを得なかったのですね。

そしてついに、それらの病気が教会に集まり権力を持つようになってしまった。

キリスト教会は、人間のよいところ、たとえば正直さ、志の高さ、精神力、公明さといったものの敵です。

キリスト教が持っている価値観と高貴な価値観の対立は、私たちの時代になって、やっとしっかりと見据えることができるようになったのです。

教会の「自虐史観」を笑う

私はため息をつかざるを得ません。現代人に対する軽蔑のため息を、です。

私は昔の人に対しては、少し大目に見てやろうと思っています。

数千年間も続いてきた、まるで精神病院のようなキリスト教の世界について考えるとき、私は用心に用心を重ねています。私は人類が精神病になってしまった理由を、人類のせいにしないようにと気をつけているのです。

しかし、いろいろな事情がわかっている現代では別です。

昔でしたら単なる病気で通用しましたが、この現代において、キリスト教を信じているのは、本当に許されないことなのです。怒りを超えて吐き気さえもよおします。

キリスト教の僧侶が「真理」という言葉を口にするだけでも、我慢することができません。

キリスト教の神学者や僧侶、法王の言葉は、すべて大ウソであるという常識は、現代に生きる皆さんにはぜひとも承知しておいてもらいたい。

まあ、奴らだって、「神」がいないことくらいわかっています。「罪人」「救世主」「自由意志」「道徳的世界秩序」がデタラメだということも。

だから、現代に生きる普通の人が、「神」がいると考えるのは、冗談ではないということです。

キリスト教会の正体はすでに明らかです。

教会は、自然に存在しているさまざまな価値を奪い取るための組織なのです。悪質なニセ金作りの集団です。僧侶の正体も明らかです。彼らはもっとも危ないタイプの人間であり、他人の人生にたかる寄生虫なのです。

キリスト教の僧侶と教会が行った犯罪は、人類が自分たちの手によって、自分たちを汚して辱《はずかし》めたという吐き気をもよおすようなことでした。

僧侶たちは、「あの世」「最後の審判」「霊魂の不死」といった大ウソを武器にして、支配者となったのです。

今では誰もがそのことを知っているはずです。しかし、それにもかかわらず、世の中は変わっていない。

政治家だってそうです。きわめて普通の人で、実行力もある反キリスト教徒のくせに、自分をキリスト教徒と名乗って教会の儀式にでかけるような人がいます。彼らには節度もなければ、自尊心のかけらもありません。

軍隊のトップであるドイツの君主（ヴィルヘルム二世）までが、テレもせずに、自分がキリスト教徒であると公言しているくらいです。

キリスト教が「この世」と呼んで否定するのは、「人が兵士であること」「人が裁判官であること」「人が愛国者であること」です。それに、「自分の身を守ること」「恥を知ること」「自分にとっての利益を求めること」「自分に誇りを持つこと」といった、人間が生まれつき持っている本能です。

こういった大切なものが、キリスト教にそむくこととされている。

キリスト教徒と呼ばれて、恥ずかしくない人は、大きなウソから生まれたできそこないなんです。

見ザル・聞カザル・言ワザル

そもそも「キリスト教」という言葉が誤解を招くのだと思います。

根本的には、イエスという一人の人間がいただけで、彼は十字架で死んでしまった。そして彼の教えは、僧侶たちによってゆがめられていったのです。

キリスト教徒であることのしるしを「信仰」のうちに見るのは、バカな間違いであって、本当は、十字架で死んだイエスのような人生を生きることだけがキリスト教的なのです。

現在でもそのような生き方をすることはできますし、そういう生き方しかできない人もいます。

ルター

本来のキリスト教、根源的なキリスト教は、信仰ではなく行動なのです。

僧侶が生み出した「信仰」は、あくまで精神の問題です。それは人間の本能の価値に比べればどうでもいいことです。

頭の中でごちゃごちゃと考えただけで、何かを真理と決めつけるのは、本来のキリスト教の態度とは言えないのですね。

この二〇〇〇年もの間、キリスト教徒と呼

ばれてきた人の中で、イエスの教えを守った人は一人もいませんでした。彼らは皆、自分のことを勘違いしていただけなのです。

しかし、実は彼らも、信仰ではなくて本能によって動いていた。彼らにとって「信仰」とは、本能を隠すための隠れミノにすぎなかったのですね。

宗教改革を行ったルターも、信仰を隠れミノに使いました。

ある意味で「信仰」は、キリスト教の賢さと言えるでしょう。表面では信仰を語っていても、本当はいつも隠された本能によって行動していたのです。

キリスト教は、現実に反抗するという本能を持っています。

それがキリスト教の根っこです。

キリスト教は諸悪の根源です。

キリスト教は、人間にとって害があるからこそ、力を持つ宗教なのです。

このような隠れミノをまとったキリスト教徒のサル芝居を、神々も遠い空から眺めているのでしょうか。地球という小さな星は、キリスト教という奇妙な宗教があるだけで、神々が注目するのに十分なのかもしれませんね。

しかし、サル芝居とは言いますが、果たして彼らはサルよりもましなのでしょうか。それは疑問ですね。「人間はサルから進化した」というダーウィンの進化論も、サル以下の彼らにとってはお世辞になってしまうかもしれません。

ルター（一四八三〜一五四六）

ドイツの修道士。カトリック教会の免罪符（献金により教会から信者に与えた罪の免除証明書）発行を「九五ヵ条の提題」によって批判。教皇から破門されたが、それが宗教改革運動につながっていった。著書『キリスト者の自由』では、『聖書』に基づく信仰のみを認め、教会の権威を否定した。

ダーウィン

ダーウィン（一八〇九〜一八八二）

イギリスの博物学者。進化論を提唱。軍艦ビーグル号の世界一周航海に加わり、動植物や地質を調査。ガラパゴス諸島で鳥類の変異に気づき、帰国後ハトの品種改良を進めるうちに、自然現象の中に選択と淘汰《とうた》を見出し、生物学者のウォレスと連名で「進化論」を発表した。著書に『種の起原』など。

弟子がゆがめたイエス像

イエスの死は、弟子たちをあわてさせました。

「あの死は自分たちの存在を否定することになるのではないか」と動揺したわけです。

弟子たちは、イエスを殺してしまったのは誰か、イエスの本当の敵は誰だったのかと考えました。彼らにとっては、イエスの死が単なる偶然だったらまずいわけです。そこで彼らは、「世の中を支配しているユダヤ人の上流階級が、イエスを殺した敵である」と結論を出しました。

つまり、ユダヤ人の社会秩序を敵と考えたわけです。

それからというもの、彼らは自分たちを、社会秩序に反抗するものと考え始めました。そしてイエスまでを、秩序に対して反乱を起こした人だったと考えるようになっていく。

弟子たちがそう考えるまでは、「戦闘的」「断言的」といったイエスのイメージはありませんでした。

それどころか、イエスはその正反対の人でした。あらゆる感情を超えて、イエスは死んだのです。イエスは十字架の上で死ぬことで、自分の教えを示そうとしました。しかし弟子たちは、それを全然理解していなかったのですね。

弟子たちはイエスの死を理解できなかったので、自分たちもイエスのように死のうとは思わなかった。そして、イエスの教えと正反対の「復讐」という感情によって動き始めました。

彼らは、「報復」「罰」「審判」といったイエスの教えにそむく言葉を使い、さらには、俗受けのする救世主の待望論を出してきました。いつか「神の国」がやってきて、敵を裁いてくれるというわけです。

こうして誤解が生まれたのです。

イエスの教えでは、「神の国」は現実の世界に存在しているものでしたが、弟子たちによって、「約束されるもの」や「終末にやってくるもの」にされてしまいました。

イエスの弟子たちは、当時実権を握っていたパリサイ人《びと》や神学者たちを軽蔑していましたが、まさにその特徴をイエスの中へ取り込んでいったのです。その結果、イエスは、パリサイ人や神学者と同レベルになってしまったのですね。

弟子たちにとっても、「誰もが神の子として平等である」というイエスの教えは都合が悪かったのです。

彼らは、イエスを持ち上げるふりをして、実は自分たちからイエスを遠ざけました。ユダヤ人が民族の神を捨ててしまったというお話はすでにしましたが、イエスの弟子たちも同じことをしたのですね。

唯一の神、唯一の神の子という発想は、しょせん下層民の恨みつらみから発生したタワゴトに過ぎません。

パリサイ人
古代ユダヤ教の一派で、ラビ派の源流といわれている。古代イスラエル民族の指導者であるモーセの律法や予言者の啓示を重視し、律法を厳格に守ることによって神の正義が実現されると説いた。その律法に対して、「当初の理念から離れ形式主義になってしまっている」と批判したのがイエスだった。

イエスの死を利用したパウロ

イエスの死後、「どうして神はイエスを死なせたのか」という大問題が発生しました。

それに対して、混乱したイエスの弟子たちが出した答えは、「神はイエスを罪の許しのために、犠牲として与えた」というトンデモないものでした。イエスがこれを聞いたらブッ飛ぶでしょう。

罪を許すために犠牲になるなんて発想はイエスにはありません。

イエスは神と人間との間の隔絶《かくぜつ》を認めなかったからです。

イエスは神と人間の一体化を、教えとして生き抜いた人なのです。

しかし、弟子たちの仕業《しわざ》によって、イエスの教えの中に、「最後の審判」「犠牲死」「復活」といった変なものが混ざってしまった。そして、本当のイエスの教えはどこかに姿をくらましてしまったのです。

パウロは、そのラビ（ユダヤ教の宗教指導者）のような厚かましさで、この問題を次のように論理化したのです。

「もしキリストが死者の中からよみがえらなかったとしたら、われわれの信仰はむなしい」と。

本当にお下劣な野郎ですね。「人は死なない」という恥知らずの教義にしてしまったのですから。さらにパウロは、それを報酬として説いたのでした。

イエスが死ぬと、仏教の平和運動のような、単に約束するだけではない具体的な幸福への道しるべが消えてしまいました。

仏教は約束するのではなくて実行します。

キリスト教はなんでも約束しますが、何も実行に移すことはありません。

イエスの教えと正反対のものが、パウロが作り出した現在のキリスト教です。

パウロはイエスとは正反対のタイプで、「憎しみの論理」の天才なのです。パウロはイエスを含めて、すべてを憎しみの犠牲にしてしまいました。

パウロはイエスを自分の十字架にかけたのです。イエスの都合がいいところだけを、パウロは利用したのですね。

パウロが作ったキリスト教には、イエスの大切な教えは何も残っていません。

パウロはデタラメなキリスト教の歴史をでっちあげました。それどころかイスラエルの歴史まで自分たちの都合で書き換えたのです。

その結果、すべての予言者が、パウロが作ったキリスト教について語ったことにされてしまった。

その後、さらに教会は人類の歴史をキリスト教の歴史へと書き換えていきました。

しかし、それらはイエスという人間とはまったく関係ないことです。

しまいには、パウロはイエスが復活したというデマを流しました。

結局、パウロはイエスの教えからは何も学ばなかったのです。ただ、イエスの十字架上の死を利用しただけでした。

パウロは「イエスはまだ生きている」と言うくせに、自分では信じていません。デマを流したのは、あくまでも自分の目的を実現させるためでした。パウロはただ権力がほしかっただけです。パウロをはじめとするキリスト教の僧侶たちは、人々を抑え込むための「教義」や「象徴」がほしかっただけなのです。

後にイスラム教を始めたマホメットは、「不死の信仰」をキリスト教から借りてきて利用しましたが、これもパウロが発明した「僧侶による社会支配の道具」だったのです。

「世界の中心で愛を叫ぶ」おごり

私たちが生活しているこの現実の世界より、あの世のほうが大切だということになると、何を頼りにして生きていけばいいのかわからなくなってしまいます。

「不死」という大ウソは、人間の本能の中の理性を破壊する。よりよく生きるための本能が、明るい未来を約束するものすべてが、不信につながってしまうのです。

「生きることにはなんの意味もない」といったふうに生きるのが、今や生きる「意味」になってしまっている。

公共心は何のためにあるのか。祖先に対して感謝するのはなぜか。仲間といっしょに働き、信頼しあって公の利益を生み出すのは何のためか。

こういった大切な問題が、キリスト教では、「誘惑」や「正しい道からはずれること」とされているのです。

みっともない偽善者や気が狂った人たちが、「人間の魂は死なないから、みんな平等で、個人それぞれの救いこそが重要だ」などと、自分たちのために自然の法則が破られるのは当然だとばかりに主張しています。

あらゆる種類のワガママがここまでふくらんでしまったのです。

本当に恥知らずですよね。いくら軽蔑しても、しすぎることはありません。

キリスト教は、こうしたおごり高ぶりによって、広がっていきました。できそこないや反社会的な人など、人類のガラクタ全部を説得して味方につけてしまったのです。

彼らが言う「魂の救い」とは、要するに「世界は私を中心として回っている」ということ。これも、「すべての人は平等な権利を持っている」などというバカバカしい話をキリスト教が徹底的に撒き散らかした結果なのです。

キリスト教は、お互いを尊重する気持ちや人間が作り上げてきた文化に対して、コソコソといやらしいところから決戦を挑んできました。

キリスト教は人々の恨みつらみを利用し、地上にあるすべての高貴なもの、喜ばしいもの、気高いものに反抗し、私たちの幸せを破壊する武器を作ってきました。

ペテロやパウロといった連中が作り出した「不死」という発想が、高貴な人間性を殺してしまったのです。

そのキリスト教は、今では政治にまで食い込んでいます。

これは大問題です。

今日の政治家は、自分の持っている特権や支配権に対して、そして自分と自分の仲間たちをおそれ敬うことに対して、間合いの取り方というか、心構えがまったくなっていません。

私たちの時代の政治は、気力を失ってすっかりダメになってしまっているのですね。

かつての貴族主義は、「魂の平等」という大ウソにより、力を失いました。

もし「多数者の特権」を信じる革命が起きるのなら、それはキリスト教やキリスト教の考えが生み出したものです。

キリスト教は諸悪の根源です。
低劣な人間のための教義は、人を低劣にするのです。

ペテロ（不明〜六四頃）

ガリラヤの漁師でイエスの十二使徒中の一人。キリスト教神学の第一人者とされる。本名はシモンだが、教会の土台となる石という意味で、「岩」を表すペテロと呼ばれるようになった。カトリック教会は「ペテロの権威はローマ教皇が継承している」として、ペテロを初代ローマ教皇に位置づけている。

第四章　戦争を生み出す『新約聖書』

教会は「道徳」で人を支配する

『新約聖書』はろくでもない本ですが、初代キリスト教団の腐敗の証拠としては貴重です。『新約聖書』を読むときには、かなり注意が必要です。その文章の背後まで理解するのはなかなか難しいからです。心理学者にとっては非常におもしろい本でしょうね。なぜなら、人間の心理がどこまでダメになるかという見本になりますから。

こんな本、他にはないでしょう。

そもそもこれは、ユダヤ人のものであることを忘れてはいけません。

「聖なるもの」を上手にマネしたり、もっともらしい言葉を使ったり、インチキな行動をすることは、個人から偶然生まれたわけではありません。それはユダヤ民族が存在してはじめて生まれたものなのです。

「神聖に大ウソをつく」というキリスト教の技術は、ユダヤ民族が数百年にもわたって作り上げてきたものです。

僧侶の考えしか受け入れずに、世界中にたくさんあるさまざまな考え方や価値観をガンコに拒否することは、単なるユダヤ民族の伝統ではなく、遺伝と言ってもいいでしょう。だから、あんなにも自然にふるまえるのです。

そういったデタラメなものに、全人類、そして最高に頭のよい人たちまでがダマされてきました。たった一人の人でなしを除いてね。つまり私をのぞいて。

これまで、『新約聖書』は純真で清らかな書物とされてきました。これは人をダマす高度なテクニックがあった証拠でしょう。

もちろん私でしたら、偽善者やエセ聖者の正体はすぐに見破ります。彼らの言葉の陰に隠れているものを明らかにして始末するのが、私の仕事ですから。

キリスト教のバカたちは「裁いてはいけない」などと言いますが、彼らは自分たちの邪魔になるものは、すべて地獄へと送り込むのです。彼らは「神が裁く」と言いますが、実際には彼らが裁いているのですね。

彼らは神をたたえることによって、自分たちをたたえます。

また、自分たちが権力を握るために必要な「徳」のために闘っているのに、まるで「徳そのもの」のために闘っているような演技をします。「私たちは善のために生き、死に、犠牲になる」なんて言っていますが、要するに、彼らは自分がしなければならないことをしているだけなのです。

卑屈になって自分を抑え込み、陰にうずくまることを、一つの義務としてでっちあげる。そして、その「義務」を守っているのだから、自分たちは謙虚で、敬虔《けいけん》であるというわけです。

これがキリスト教のダマシのテクニックです。

『新約聖書』は「道徳」で人をおびき寄せます。

「道徳」はくだらないキリスト教の僧侶たちによって、差し押さえられました。彼らは「道徳」を利用して人々を支配することができることを知っていたのですね。

彼らは、自分たちの仲間や教団を「真理」の側におき、そして「現実の世の中」を反対側におきました。

ほとんど妄想の世界です。

彼らは、「神」「真理」「光」「精神」「愛」「知恵」「生命」を、自分たちを表す言葉として一人占めしようとしましたが、それは自分たちと「現実の世の中」を区別するためだったのです。

こうして、精神病院に入れられるべきユダヤ人たちは、自分たちに都合がいいように、あらゆる価値をねじ曲げていきました。

このようなことが起きたのは、誇大妄想を持つユダヤ民族がいたからです。
ユダヤ人とキリスト教徒は分裂しましたが、やったことはまったく同じこと。
キリスト教徒とは、ちょっと自由になったユダヤ人にすぎないのです。

オカルト本『新約聖書』の暴言集

彼らがイエスの口を借りて語ったことをピックアップしてみましょう。いやはや、実に「美しい」告白ばかりです。

「あなたたちを迎えず、あなたたちの話を聞かないような場所があったなら、そこから出て行くとき、彼らに対する抗議のしるしに、足の裏のちりを払い落としなさい」（マルコ伝六の一一）

「私を信じるこれらの小さい者の一人をつまずかせる者は、首にひきうすをかけられ海に投げ込まれたほうが、はるかによい」（マルコ伝九の四二）

実にキリスト教的な言葉ですね。

「あなたの片目が罪を犯させるとしたら、それを抜き出してしまいなさい。両目がそろったままで地獄に投げ入れられるよりは、片目になって神の国に入るほうがいい。地獄ではウジ

虫が尽きることも、火が消えることもない」(マルコ伝九の四七)
「イエスは言った。はっきりと言っておく。ここにいる人々の中には、神の国が力にあふれて現れるのを見るまでは、決して死なない者がいる」(マルコ伝九の一)
本当によく言いますねえ。
「私に従いたい者は、自分を捨て、自分の十字架を背負って、私に従いなさい」(マルコ伝八の三四)
「人を裁くな。自分が裁かれないためである。あなたたちは、自分の量る秤で量り与えられる」(マタイ伝七の一)
「自分を愛してくれる人を愛したところで、あなたたちにどんな報いがあろうか。税金取りでも、同じことをしているではないか。自分の兄弟にだけあいさつしたところで、優れたことをしたと言えるのだろうか。税金取りでさえ、同じことをしているではないか」(マタイ伝五の四六)
これがキリスト教の愛の原理です。つまりこういう愛は、最後に見返りを受けることを願っているのです。
「もし人を許さないならば、あなたたちの父も、あなたたちのあやまちを許してくださらな

いだろう」（マタイ伝六の一五）

引っ張りだされて「父」もいい迷惑ですね。

「まず神の国と神の義を求めなさい。そうすれば、これらのものは、すべて与えられるだろう」（マタイ伝六の三三）

与えられるものとは、食べ物や服、生活必需品などのことでしょう。ふつうに考えれば、そんなことあるはずがない。まあ、この引用の少し前のところで、神は仕立屋になって現れているのですが……。

「その日には、喜び踊りなさい。天には大きな報いがある。この人々の先祖も、予言者たちに同じことをしたのだ」（ルカ伝六の二三）

本当に恥知らずですね。さっそく自分たちを予言者と比較し始めて。

「あなたたちは、自分が神の神殿であり、神の霊が自分たちのうちに住んでいることを知らないのか。もし神の神殿を壊す者がいれば、神はその人を滅ぼされるだろう。神の神殿は聖なるものだからだ。あなたたちは、その神殿なのだ」（パウロのコリント前書三の一六）

単なるヨタ話ですね。

「あなたたちは知らないのか。聖なる者たちが世を裁くのだ。世があなたたちによって裁か

れるはずなのに、あなたたちにはささいな事件すら裁く力がないのか」(パウロのコリント前書六の二)

残念ながら、これらは単なる精神病患者の言葉ではないのです。

さらに、この詐欺師《さぎし》はこう言います。

「私たちが天使たちさえ裁く者だということを知らないのか。まして、日常の生活にかかわることは言うまでもない」と。

「世は自分の知恵で神を知ることができなかった。それは神の知恵にかなっている。そこで神は、宣教という愚かな手段によって信じる者を救おうと、お考えになったのだ。ところが、神は知恵ある者に恥をかかせるため、世の無学な者を選び、力ある者に恥をかかせるため、世の無力な者を選ばれた。また、神は地位のある者を無力な者とするため、世の無に等しい者、身分の卑しい者や見下げられている者を選ばれた。それは、誰一人、神の前で誇ることがないようにするためだ」(パウロのコリント前書一の二一以下)

これは、キリスト教をはじめとするあらゆる下層民の心理学の証言です。

この節は少し難しかったかもしれません。この節を完全に理解するには以前に私が書いた『道徳の系譜』という本を読んでもらうしかないでしょう。その本では、高貴な道徳と、恨みつらみの復讐心から生まれた下層民の道徳との対立を明らかにしています。

要するに、『聖書』をでっちあげたパウロは最大の復讐の人だったのです。

『聖書』に出てくる「まともな人」

『新約聖書』を読むとき、私はいつも手袋をはめています。汚らしくて触りたくありませんからね。

ユダヤ人やキリスト教徒からは、腐ったような臭いがするのです。

私は『新約聖書』の中に一つでも共感できる部分がないかと探したことがあるのですが、結局、「自由」「善良」「公明正大」「正直さ」といったものは、一つもありませんでした。

劣悪な本能はあるけど気力はない。そこにあるのは、臆病になって現実を見ず、自分をダマしている姿だけです。

『新約聖書』を読んだ後では、どんな本でもすがすがしく感じます。

要するに、彼らは正真正銘のバカなのですね。彼らはよく攻撃をしかけますが、攻撃をされたほうが、かえってよく見えてしまう。キリスト教徒に攻撃されることは、名誉であっても決して恥ではありません。

『新約聖書』を読めば、そこで彼らがご苦労にも攻撃しているものを反対に好きになってしまう。たとえば「世間の知恵」なんかがそうですね。

パリサイ人や当時の律法学者たちですら、キリスト教徒から攻撃を受けることによって得をしています。キリスト教徒から恨まれているということは、彼らの存在も多少は価値あるものだったのでしょうね。

結局、キリスト教徒が他人を攻撃したのは、特権を奪い取るためだったのです。

それ以上の理由はありません。

キリスト教徒は、もっともレベルの低い本能から抵抗します。

彼らは常に「平等の権利」のために生き、闘うと言っていますが、その実態は「正直さ」「男らしさ」「プライド」「心の美しさ」などを「この世の悪」と決めつけ、闘いを挑んでいるのです。

キリスト教徒は本能にさからうウソしかつきません。

彼らの価値観や目標は有害ですが、彼らが憎むものには反対に価値がある。そういう意味では、キリスト教徒というのは価値の標識なんですね。

ところで、『新約聖書』の中にたった一人ですが、まともな人が出てくるんです。それはイエスに死刑判決を下したローマ総督のピラトです。

ピラトにとっては、ユダヤ人同士のもめごとなんてどうでもいいことでした。ユダヤ人一人を生かそうが殺そうが関係ない。

問題は、「真理」という言葉が間違って使用されているのを見たピラトが、「真理とは何か」と言ったことです。

この言葉は、『新約聖書』の中でただ一つ価値を持つ言葉といっていいでしょう。

そして、この言葉こそ、『新約聖書』に対する批判なのです。

ピラト（在位・二六〜三六）

ローマ人のユダヤ総督（行政長官）。イエスの裁判に立ち会った。『新約聖書』によると、当初ピラトは、ユダヤ人を厳しく管理していたが、次第に妥協するようになっていった。また、イエスの処刑を回避したかったが、ユダヤ教の祭司の意向におもねり、最終的な判決を群衆にゆだねたという。

科学はキリスト教の最大の敵

キリスト教を批判しているからといって、私たちは歴史や自然の背後に神をみいださないわけではありません。そうではなくて、これまでキリスト教会が「神」と呼んできたものがニセモノだと言っているのです。

その「神」は単に考え方が間違っているというレベルではなくて、人間性への犯罪なのです。

私たちはそんな神を認めません。たとえ誰かが神を証明してみせても、なおさらそれは疑わしくなる。

方程式にするとこうなります。

パウロが作った神、イコール、神の否定。

現実の世界を無視したキリスト教は、必然的に科学を敵として攻撃します。また、人間の精神の素晴らしさや、良心、精神の自由といったものを攻撃します。

キリスト教を信じることは、科学を否定することなのです。

パウロは「信仰」という大ウソの必要性に気づきました。そして、後に教会もパウロの意図を理解しました。

パウロは自分の都合で「神」をでっちあげ、文献学や医学といった「迷信の敵」を攻撃しました。それはパウロの強い決意によるものでした。自分の意志を「神」と名付けるパウロのやり方は非常にユダヤ的なものだったのです。

パウロの敵はアレクサンドリアの科学で鍛えられた文献学者と医者でした。彼らはキリスト教徒にダマされなかったからです。

文献学者は『新約聖書』のウラ事情を見破りますし、医者はキリスト教徒がなぜ病気になったのかを考えます。文献学者は「詐欺」と言いますし、医者は「治らない」と診断するのでしょう。

キリスト教が戦争を招く理由

『聖書』の冒頭に出てくるお話は、これまできちんと理解されたことがありませんでした。

そこでは、科学に対する神の恐怖心が描かれています。お話は僧侶たちが内面的な危険にさらされて弱りきっている場面から始まります。

以下は、その内容です。

かつて、完全である神は、自分の庭である全世界を自由に歩き回っていました。しかし、そのうちに退屈で仕方がなくなってしまった。いくら神といっても退屈には弱い。

そこで、神は人間を作りました。自分以外にも人間がいることで神はなぐさめられたのです。

しかし人間だって、また退屈します。

退屈というのはゼイタクな悩みですが、神は人間たちを気の毒に思い、今度は他の動物を作りました。

これが神の第一の失敗でした。人間は動物たちとは友達にならずに、動物を支配し、「自分たちは動物ではない」と考えたのです。

そこで今度は、神は女を作りました。たしかに人間は退屈しなくなりましたが、これは神の第二の失敗でした。

「女の本質はヘビでありイブである」とキリスト教の僧侶は言います。

要するにキリスト教では、「女が原因でいろいろな災いが起こる」とされているのです。

その結果、「したがって科学は女から生じる」となったのですね。科学は彼らにとっては災いですから。

「女」が作られたことによって、人間ははじめて「認識という木の実」を味わうことを学んだというわけです。

これは神の計算違いでした。自分の敵を作ってしまった。人間が科学的になれば、僧侶も神々もおしまいですから。

だから、キリスト教は科学を禁じたのです。科学は最初の罪であり、すべての罪を生み出すものであり、原罪であるというわけです。

『聖書』には「汝《なんじ》認識することなかれ」という言葉があるくらいですから。

「科学からどう身を守ればいいのか」が長い間、神の主要な問題となりました。そしてその答えは、人間を楽園から追放することでした。

ヒマがあって幸せだったら、人間は頭を使ってものを考え始める。そこで僧侶たちは、人間が考えるのをやめるように、「死」「苦労」「さまざまな悲惨なできごと」「老化」、そして「病気」をでっちあげたのです。

それらによって科学を倒そうとしたのですね。

しかしそれにもかかわらず、ものごとを考えるという力は、天にさからい、神々が落ちぶれていくのを知らせるように、高くそびえるものなのです。

人間は考えるのをやめなかった。そこで、今度は神は戦争を作りました。民族と民族を分断させ、人間がたがいに攻撃しあい、絶滅するように仕向けたのです。

だからこそ、キリスト教の僧侶は、いつも戦争を必要としてきたのです。戦争は科学の発達を妨害するからです。

しかし、ものごとを考える力はとても強かった。戦争はくりかえされてきましたが、人間は知恵によって、神や僧侶から解放されていったのですね。

そして最後に、神はこう決意するに至ったのです。

「人間は科学的になってしまった。もう手におえない。人間をおぼれさせて殺してしまおう」と。

イブ
『旧約聖書』の「創世記」に登場する人類最初の女性。ヘブライ語で「生命」の意。最初の人類アダムのあばら骨から作られ、神の指示により夫婦で地上の楽園「エデンの園」を管理していたが、やがてヘビにそそのかされて、禁断の木の実を食べてしまい、そこから追放された、とされている。

科学とは「原因と結果」である

おわかりになりましたでしょうか。『聖書』の冒頭のお話には、キリスト教徒の心理が全部含まれているのです。

キリスト教の僧侶たちは科学の危険性に気づいていました。科学は「原因があって結果がある」という健康的な考え方だからです。科学は幸せな世の中でのみ発展します。なぜなら、きちんとものごとを考えるためには、たくさんの時間と精神力が必要だからです。

だからこそキリスト教の僧侶たちは、科学の発展を妨害するために人間を不幸に導こうとするのです。

彼らのゆがんだ論理は「罪」というものを作り出しました。「罪と罰」「道徳的世界秩序」といった考え方が、科学を抑え込むためにでっちあげられたのです。

キリスト教の僧侶たちは、「人間は外の世界をのぞいてはならない。自分の内面をのぞくべきである」と教えました。

人間が、ものごとの本質を学び、研究し、理解することは悪いことである。人間はわからないことに対して、ただ悩むべきなのだ。しかも、いつも僧侶を必要とするように悩むべきである。医者なんていらない。必要なのは救い主なのである、というわけです。

このような、キリスト教の教えすべては、頭のてっぺんからつま先まででっちあげられた大ウソです。

人間の「考える力」を壊すのがキリスト教であり、「原因と結果」という科学の基本的な考え方に対する攻撃なのです。

臆病で、卑怯で、ずる賢い、もっともレベルの低い本能を持つ、彼らならではのやり方です。まるで、人間の血を吸うヒルみたいですね。

くりかえしますが、科学は「原因と結果」です。原因があるから、それが結果につながるのです。当然ですよね。

ところが科学は迷信によってゆがめられてしまう。「神」「霊魂」「報い」「罰」「暗示」といったものによって、キリスト教に都合のいい「道徳的」な結果が引き起こされるというわけです。

「考える力」を壊すこと。

これは人類に対する最大の犯罪です。

キリスト教は、「罪」をでっちあげ、自分たちを汚らわしいものにしてしまいました。これは、科学や文化に対する攻撃です。人間が立派になっていくこと、誇りを持って生きることを妨害するものです。

キリスト教の僧侶にとっては、「罪」とは支配の道具にすぎなかったのですね。

真理は「人間が闘いとるべきもの」

「信仰」についてもう少し考えていきましょう。「信者」のためにもね。

私がキリスト教の信者に言いたいのは、「信仰を持つのは、非常に失礼なことである」ということです。信仰を持つのはダメ人間の証明です。

しかし、今日はダメでも明日には彼らも正気に戻るのではないかと期待しています。なにしろ、私の言葉は、耳の遠い人にも届く力がありますから。

どうやらキリスト教には、「力の証明」という真理を判断する基準のようなものがあるようです。「信仰すれば幸せになる。それなので信仰は真理である」というわけです。

しかし、これはどう考えてもおかしいですね。その「幸せ」は、証明されているのではなく、単に約束されているだけですから。

つまり、信仰と幸福を勝手に結び付けているだけなのです。

信者たちが生きている間は「あの世」のことはわかりません。約束されたことが、本当に守られるのかどうかは、死なきゃわからないのです。

そうすると、キリスト教の言っている「力の証明」とは、「信仰によって幸せになるという約束が、必ず守られるということに対する信仰」なのです。なんだか、ややこしいですね。

要するにこういうことです。

「私はキリストを信じることによって、幸せを受けることを信仰する。それなので信仰は真である」と。もうこの時点で、まともな人間だったらついていけません。

「それなので」って、いったいどこにどうつながるのでしょうか。

これが彼らの言う「真理」の正体です。

まあ、あくまでたとえ話として、信仰によって幸せになることが証明されたとしましょう。

しかし、信仰によって幸せになることが、真理の証明になるのでしょうか。そんなわけはありません。こんなムチャクチャな話、ちょっと思いつきもしませんよね。

「真理とはなにか」という問題と、信仰によって受ける幸福の存在は、まったく関係がありません。

そもそも、そんなことを言いだすことが、「真理」でないことの証拠です。

きちんとものごとを考える力のある人や、深くものを考えた経験がある人は、これと正反対のことを教えます。

つまり「真理」とは、人間が長い年月をかけて、一歩一歩闘いとってきたものなのだと。そのために人間はたくさんのものを犠牲にしました。立派な魂も必要としました。真理を追求するのは本当に大変なことなのです。

正直にものごとを考えることとは、つまり、自分の心に対してウソをつかないということ、そして「美しい感情」なんかに流されることなく、自分の判断に良心を持つことです。「信仰によって幸福になる」なんて大ウソを信じてはいけません。

民主主義なんていらない

これまでのお話で、キリスト教が「信仰」というものをどのように利用しているか、おわかりになったと思います。やはりキリスト教は、精神病院の世界なのですね。

しかし、キリスト教の僧侶たちにはそれがわかりません。なぜなら彼らは、病気は病気であり、精神病院は精神病院であるという事実を決して認めないからです。

キリスト教は病気を必要とする宗教です。人間を病気にさせることが、教会の本当の目的なのです。

そしてなによりも教会こそが、精神病院です。

いつの間にか、世界中が精神病院だらけになってしまいました。教会が望んでいるような宗教的な人間は、単なるデカダンスです。民族が宗教にかぶれてしまい、宗教が民族を支配してしまうと、必ず精神病患者が増えるのです。

宗教的な人の頭の中は、興奮した人や、疲れきっている人とよく似ています。キリスト教が人類の頭上にかかげてきた、もっとも価値がある「最高」の状態とは、要するに心を病んだ状態なんです。

私は昔こういうことを言ったことがあります。

「キリスト教がやっているザンゲやお祈りなどの儀式は、てっとり早くボケ老人になる方法だ」と。

キリスト教を生んだ土地は、もともと病的でした。

人間は誰でもキリスト教徒になれるわけではありません。人間は悔い改めてキリスト教を信じるのではないのです。キリスト教徒になるためには、あらかじめ十分に病弱でなければなりません。

健康的で、くだらないものを軽蔑する気力を持っている私たちは、肉体を誤解することを教えた宗教、霊魂の迷信を捨てようとしない宗教、栄養失調を「手柄」にするような宗教、健康を敵視し攻撃を仕掛けてくる宗教、を軽蔑します。

肉体はまるで死体のようなのに、魂だけは完全になれると思い込み、さまざまなデタラメをでっちあげる宗教を。

彼らは「神聖」という言葉を、「完全」の代用品として、でっちあげました。本当にバカですね。彼らの肉体は腐っています。

キリスト教は実にヨーロッパ的な運動です。

要するに、あらゆる種類のガラクタが集まってできている。言ってみればキリスト教は、「人間のダメな部分」の集合体なのですね。キリスト教によって、社会のクズやガラクタが権力にありつこうとするわけです。

キリスト教が発生したのは、多くの人が考えているように、高貴な古代文明が腐敗したからではありません。現代でも、いまだにそんな説を唱えている学者もいますが、お話になりません。

本当はこういうことです。

頭の悪い下層民たちがキリスト教に染まっていった時代でも、ローマ帝国の中にはそれとは正反対の、高貴で、美しく、成熟したタイプの人間がおりました。

しかし、多数者が支配するようになってしまった。キリスト教と同じ本能を持っている民主主義が勝利を占めてしまったのです。

それではなぜ、不健康なキリスト教が勝利を占めたのか。

それはキリスト教が「国民的」ではなかったからです。

キリスト教は一つの民族だけが信じる宗教ではなくて、不健康でろくでもないあらゆる種類のものに取りつく宗教なのです。それで、いたるところにたくさんの同盟者を持つことができたのですね。

キリスト教は健康な人間に対する、不健康な人間の恨みを基本にしています。

美しいもの、誇りを持っているもの、気力があるもの、そういうものを見たり聞いたりすることが、彼らにとっては苦痛なのです。

私はパウロが言った貴重な言葉を思い出します。

「神は世の中の弱い者を、世の中の愚かな者を、軽く見られている者を、お選びになる」

まさに、これがキリスト教の核心なのです。これによってキリスト教は勝利しました。

私たちは、「十字架にかかった神」という象徴の後ろに隠された恐ろしい目的に気づかなければなりません。「十字架にかかるものは、すべて神のような存在である。われわれは十字架にかかる。それなので、われわれのみが神的である」というカラクリ。

キリスト教が高貴な思想を滅ぼしたのは、人類最大の不幸でした。

ウソばっかりで二〇〇〇年

さて、これまでさんざんキリスト教はデタラメだと言ってきましたが、実はキリスト教にも理性がないわけではありません。でも、キリスト教にあるのは、病気になった理性だけ。言ってみれば、キリスト教専用の理性なのです。

彼らは、すべてのバカを味方につけて、健康な精神を呪いました。キリスト教の本質は病気です。それなので、キリスト教を信じることも、病気の一種なんですね。

ものごとをきちんと考えるという科学的な方法を教会は妨害してきました。ものごとを疑って考えることは、キリスト教では「罪」とされているからです。

キリスト教の僧侶たちの目はにごっています。心が汚れているからです。それは精神がダメになってしまった証拠です。

自分でも気づかないうちにウソをついてしまうこと、ウソのためのウソをつくこと、ものごとをきちんと判断できないこと、それがデカダンスです。

つまり「信仰」とは、何が「真理」であるのか知ろうとしない態度のことなのです。キリスト教の僧侶たちのホンネは、「真理」を無視すること。彼らは人間を病気にさせるものを「善」とし、健康にさせるものを「悪」と決めつけるのですから。

ウソをつくのは、キリスト教の僧侶の宿命みたいなものでしょう。

彼らには、文献学の知識がまったくありません。文献学とは、ここでは一般的な意味で、「上手な読み方の技術」とでも理解してください。つまり、文献学とは、事実を解釈によって曲げることなく、慎重に忍耐強く読み取る方法のことです。

こういった能力は、ふだん本や新聞を読むとき、あるいは天気予報にだって応用できることです。

しかし、神学者が「聖書の言葉」を解釈する方法は、たとえば、「祖国の軍隊の勝利」といったできごとを、ダビデが作った詩などに照らしあわせることです。

文献学者の私から見ると、あまりに大胆というか、なんというか……。まあ、正直に言ってウンザリします。

田舎者のキリスト教徒やその他大勢のバカたちが、自分たちの薄汚れたミジメな生活を、

「神から恵んでもらったもの」「神の救いの過程」としてしまうなら、私たち文献学者はいったいなんと言ったらいいのでしょうか。

ほんのちょっとでも頭をひねったらどうですか。これはただの子供だましです。それに第一、下品です。

たとえば、いつでも鼻かぜを治してくれる神とか、大雨が降っているときに馬車に乗れと命じる神とか、そういう神が現にいたとしても、やはりそういったレベルの神は取り除かなければなりません。神のあり方として、矛盾していますから。

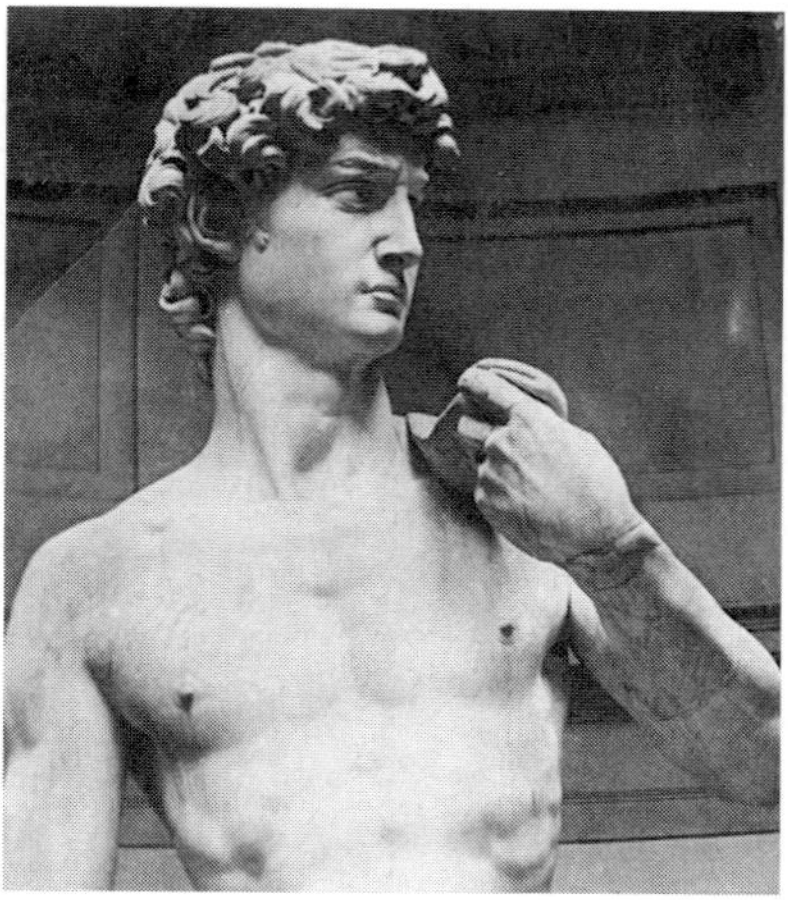

ダビデ

サラリーマンや郵便局員、天気予報屋みたいな神なんて、あまりにもくだらないと思いませんか。

まがりなりにも「文化国」といわれているドイツでも、今でも三人に一人は「神の導き」を信じているそうです。こういうドイツ人がいることには、心底ガッカリしてしまいますね。

ダビデ（在位・前一〇〇〇頃〜前九六〇）

古代イスラエル統一王国第二代目の王。南方のユダと北方のイスラエルを統一して王朝を建国。首都をエルサレムに定め、繁栄をもたらした。イスラエルを救う救世主はダビデの子孫から現れると信じられ、『新約聖書』ではイエスが「ダビデの子」にたとえられることもある。

第五章　敵はキリスト教なり

信仰とは自分自身を見失うこと

殉教者《じゅんきょうしゃ》とは、自分が信じている宗教のために、自分の命を捨てる人のことです。

キリスト教の世界では、殉教は大切なテーマとなっていますが、そもそも殉教者と「真理」の間にはなんの関係もありません。

殉教者たちは、自分が「真理」であると思い込んでいることを、世間に向かって話します。しかしその話のレベルは非常に低い。そもそも、彼らは「真理」というものをまったくわかっていないのです。

バカバカしくて、あえて反論する気にもなれない。

「真理」とは、ある人は持っているけれど、ある人は持っていないといったものではありません。そう考えるのは、百姓程度の人間だけです。

良心を持っている人は、「真理」は簡単に知ることができないことを、きちんとわきまえています。

予言者や宗教の指導者は「真理」を語りますよね。

また、自由主義者や社会主義者といった人たちも「真理」を語ります。

しかし、それは彼らが精神的に未熟であることの証明にしかなりません。

たしかに、殉教者たちの死を見て、人々はとまどいました。

「人間が命をかけるということには、きっとなにか重大な意味があるのだろう」と考えたのです。こういうバカがいるから、ものごとをきちんと考えることができなくなるのですね。

殉教者たちは真理をねじ曲げました。

彼らはちょっとでも攻撃されようものなら、殉教者という「名誉」を手に入れることができたわけです。しかし当然のことながら、何かのために命を捨てたとしても、その対象になるものの価値が変化するわけではありません。

キリスト教の神学者がでっちあげた殉教者はすでにバケの皮がはがれています。

キリスト教を迫害した人たちが犯した間違いは、迫害された人間が名誉を得たと思い込んでしまったことです。

ルソー

つまり、「殉教」という道具を敵にうまく使われてしまったのですね。

そこのところを、女性は今でも誤解しているのです。なぜなら、「誰かがお前の身代わりに十字架にかかって死んだのだ」と言い含められているからです。

しかし、論理的に考えれば簡単にわかることですが、イエスが十字架で死んだことは、「真理」の根拠にはなりません。こんな当たり前のことさえ、これまできちんと指摘する人はいなかったのです。

いや、一人いました。ツァラツストラです。

「キリスト教徒は、自分たちの歩んできた道に、血の文字を書いた。頭の悪い彼らは、血によって真理が証明されると思った。しかし、血は真理の最悪の証人である。血はもっとも純粋な教えも汚してしまい、妄想や憎しみに変えてしまう。

もし、誰かが自分の教えのために火の中に入るとしても、それによって証明されるのは、自分の身を焼き尽くすことから生まれる自分自身の教えなのだ。真理ではない」

こうツァラツストラは言いました。偉大な精神はものを疑うのです。ツァラツストラはものを疑いました。精神力や自由は、疑うところから生まれるのです。

ものごとを信じ込む人は、価値を判断することができません。ものごとを信じ込むことは、牢屋の中に入っているのと同じ。外の世界のことも、そして自分のことさえわからないのです。

もちろん、自分の考えを述べるためには、確信が必要でしょう。それが自分の発言のバックボーンになるわけですから。

しかしそれでも、偉大な精神は必ずものを疑います。あらゆる種類の確信から自由になってものを考える強い力を持っています。確信に対抗するのです。

ロベスピエール

場合によっては、彼らは確信を手段にもする。ものを疑う偉大な精神は、確信を利用するのです。彼らは確信に負けることなく、自分こそが、ものを考える中心であることを知っているのです。

ものごとを信じ込む人は、自分がものを考える中心ではありません。彼は信じる対象に利用されているだけ。そして同時に、彼は自分を利用する誰かを必要とするのです。

信者は、自分を見失うことを、名誉だと思い込んでいる。彼の「知恵」「経験」「虚栄心」がその原因です。

つまり、自分を失うこと、自分をないがしろにすることが、信仰なのです。

要するに、彼らは外からの強制や制限を必要とする奴隷にすぎない。

ものごとを信じ込む人は、誠実な人に敵対します。そして、誠実な人を「真理に反している」と決めつける。

「真理とは何か」という問題をきちんと考えるには、信仰の問題を別にしなければなりません。そうすれば狂信家たちの立場なんてすぐになくなりますよ。

しかし残念なことに、サヴォナローラやルター、ルソー、ロベスピエール、サン・シモンといったろくでもない狂信家たちのおおげさな態度は、人々の感情に影響を及ぼしてしまうものです。

狂信的な人はやはり目立ちますよね。人々は、きちんとした論理的な説明を聞くよりは、おおげさな身振りで話す人を眺めていたいものなのです。

ツァラツストラ（前七世紀中頃）

ゾロアスター教の創始者であるゾロアスターのドイツ語名。聖典『アベスター』では、宇宙の歴史は、善の神と暗黒の神の闘いであり、最終的には善の神が勝ち、全世界が浄化されるとされている。ニーチェは著書『ツァラツストラはかく語りき』で、自分の思想をゾロアスターに重ね合わせて聖典形式で語った。

サヴォナローラ（一四五二〜一四九八）

ドミニコ会の修道士。フィレンツェのサン・マルコ修道院でメディチ家の支配体制を批判。メディチ家が追放された後は、共和国の政治顧問となり、いわゆる神政政治（神権政治）をしいた。教皇庁を批判したことにより破門され、次第に反感を買い、裁判で死刑判決が下された。宗教改革の先駆《さきが》けともされる。

ルソー（一七一二〜一七七八）

フランスの哲学者・政治思想家・小説家。スイス生まれ。著書『学問芸術論』で文明社会を批判。「自然にかえれ」と主張した。また、国家や社会は構成員である個人の自由意志に基づく契約によって成立するという『社会契約論』を発表。フランス革命に大きな影響を与えた。

ロベスピエール（一七五八〜一七九四）

フランスの政治家。フランス革命後、パリのジャコバン修道院内に本部を置いたジャコバン派（急進派）の中心人物として、ジロンド派（保守派）を追放し、政権を握った。一七九三年から独裁体制をとり、反革命派を徹底的に弾圧した。いわゆる恐怖政治である。一七九四年、テルミドールの反乱により処刑される。

サン・シモン（一七六〇〜一八二五）

フランスの社会主義者。ルソーの影響を受けてアメリカ独立戦争に参加。その後、フランス革命を支持したが、恐怖政治に反対したため逮捕された。資本家を含めた全産業者の指導する社会体制を提唱。「空想的社会主義者」と呼ばれるが、これは「科学的社会主義」を自称するエンゲルスの命名。

「ウソ」の構造

私は長い間、「確信」こそが真理の敵であると考えてきました。そこでこの節では、決定的な問題を提出したいと思います。それはすなわち、「ウソ」と「確信」の間に、そもそも対立があるのかどうかです。

世間の人たちは、そこに対立を認めます。しかし、そのくせ、なんでも信じてしまう。「確信」は、試行錯誤やいろいろな失敗をくりかえしてきた歴史を持っています。長い歴史の中で、「確信」は誕生する。もちろん、「確信」が生まれる過程で「ウソ」が混じることもあるでしょう。人間は世代交代しますので、父親の時代にはまだ「ウソ」だったものが、子供の時代には「確信」に変わるようなこともあります。

ここで私が「ウソ」と名付けるのは、見ているものを見ようとしない態度のことです。見えるとおりに見ようとしないのは、党派的な人間の特徴です。「党派的」とは「一つの考えによって利害を持って寄り集まっている「グループ」のことですが、彼らは必ずウソつきになるのです。

たとえばドイツの歴史学会では、「ローマは専制政治だった」とか、「ゲルマン人は自由の精神を世界にもたらした」とか自分たちに都合がいいことばかりを「確信」していますが、こうした「確信」って、「ウソ」とどこがどう違うのでしょうか。

こういった、党派的な人が必ず口にするのが「道徳」です。

あらゆる種類の党派的な人たちが道徳を必要とするからこそ、道徳はなくならないのですね。

「これが私たちの確信である、私たちはこの確信を全世界の前で告白する。私たちは、そのために生き、死ぬ。確信を持つすべてのものに対して敬意を払え」というわけです。

同じようなセリフを反ユダヤ主義の人からも聞いたことがありますが、そういうことは言ってはいけません。品位を落とすだけです。

キリスト教の僧侶たちは、「確信」をうまく利用します。「確信」という考え方に弱点があることに彼らは気づいているので、「確信」の代わりに、「神」「神の意志」「神の啓示」などというキーワードを抜け目なく使う。こういうずる賢さは、ユダヤ人から受け継いだものです。

カントも同類です。キリスト教の僧侶と同じ論理を使っているのです。

彼らが使うカラクリをまとめると、以下のようになるでしょう。

●第一段階

「何が真理なのか」「何が真理でないのか」と考えると、人間では解決できない問題があることに気づく。もっとも高いところにある問題、もっとも高いところにある価値の問題はすべて、人間の理性の届かないところにある。

人間の理性に限界があるということを理解すること。

それが本当の哲学である。

●第二段階

孔子

神が人間に教えを示したのはなぜか。それは、人間は何が「善」であり、何が「悪」であるのかを、自分では知ることができないからだ。それで、神は「神の意志」を人間に教えたのである。

●第三段階

僧侶はウソをつかない。僧侶の言葉には、そもそも「真理」や「非真理」という問題が存在していない。僧侶の言葉には、ウソをつく余地がまったくない。なぜなら、ウソをつくには何が「真理」であるのか決定されていなければならないからだ。しかし、人間は「真理」を決定することができない。

それなので、僧侶は神の代弁人となって「真理」を語るのだ。

このような僧侶の論理の組み立て方は、ユダヤ教やキリスト教だけの特徴ではありません。「ウソ」への権利と「神の教え」を引っ張りだしてくるのは、僧侶に特有のもので、他の宗教も似たり寄ったりです。

「律法」「神の意志」「聖なる書物」「霊感」などは、僧侶が権力を握るための道具であり、すべての僧侶的な組織で見られます。

「聖なる大ウソ」というのは、中国で儒教を教えた孔子、古代インドの『マヌ法典』、イスラム教の開祖であるマホメット、キリスト教など、すべての宗教に共通しています。プラトンの考え方もその類。

「真理はここにある」という言葉は、たとえどこで使われたとしても、ウソなのです。

孔子（前五五二頃〜前四七九）

中国春秋時代の思想家。山東省の南西部にある魯に生まれる。古来の思想を集大成して儒教を体系化した。最高徳目を「仁」（思いやり・共生のこころ）とし、その貫徹により道徳が保たれると説いた。儒教が全国に広がったのは、漢代の武帝が儒教を国教とした以後のことで、中国封建王制の思想基盤になった。

マヌ法典

バラモン教の法典。紀元前二世紀から紀元二世紀の間に成立。全一二章二六八四条から成る。「マヌ」とは、サンスクリット語で「人類の祖」を表す言葉。宗教や道徳、カースト制度から宇宙の存在までを規定し、バラモン教徒・ヒンドゥー教徒の精神的な規範となった。

マホメット（五七〇頃〜六三二）

イスラム教の開祖。メッカに生まれる。「マホメット」は訛《なま》りで、正式にはムハンマド。神アラーの啓示を受けて布教を開始。厳格な一神教を唱え、偶像崇拝を否定したため、迫害を受けメディナに移動。六三〇年にはメッカを制圧し、アラビア半島を統一。イスラム教団発展の基礎を確立した。

キリスト教は女をバカにしている

それでは彼らがウソをつく目的は何なのでしょうか。そこが一番の問題です。私は、キリスト教には「聖なる」目的が欠けていると思うのです。

これが、私がキリスト教に抗議する理由です。

キリスト教には、劣悪な目的しかありません。「罪」という考えを利用して、人間の生を汚し、悪口を言い、否定する。人間の価値をおとしめ、人間を汚すことしか考えていないのです。

したがって、その手段もまた劣悪です。

古代インドの法典である『マヌ法典』には、『聖書』を読むときのイヤな感じはありません。『聖書』と比べるのは失礼なほど、『マヌ法典』は精神的で素晴らしい作品です。少し読んでみればわかりますが、『マヌ法典』には本当の哲学がある。心理学者でも嚙み砕いて味わうべきものが含まれています。

『聖書』と違う一番肝心なポイントは、『マヌ法典』では哲学者や軍人といった高貴な階級が、この書でもって大衆を保護するところです。

どこのページを開いてみても、高貴な価値が、完全であるという感情が、人生への喜びが、勝ち誇った幸福感が、まるで太陽のように輝いています。

キリスト教が汚いやり方で否定的に扱っている、「生殖」「女性」「結婚」といったものは、『マヌ法典』では真剣に、おそれ敬いながら、愛と信頼を持って取り扱われています。

「みだらな行為を防ぐためにも、男は妻を持ち、女は夫を持たなければならない。欲望に身を焦がすよりは、結婚したほうがましだから」（コリント前書第七章二節、九節）

このような卑劣な言葉を含んでいる『聖書』を、子供や女性に読ませるのはいかがなものでしょうか。

キリスト教では処女が妊娠するそうです。人類の誕生がキリスト教化されているのですね。

要するに、妊娠という大切なものが汚されているわけです。

キリスト教徒であることは、人間として許されることなのでしょうか。

『マヌ法典』はその正反対です。女性に対して、これほど多くの思いやりと好意が書かれている書物を私はあまり知りません。『マヌ法典』を書いた年老いた白髪の聖者たちは、女性に対する最大限の礼儀を心得ています。

「女の口、少女の胸、少年の祈り、犠牲の煙は常に清らかである」

他の場所にはこうあります。

「太陽の光、牝牛の影、大気、水、火、少女の息づかいよりも清らかなものはない」

最後にはこうあります。

「ヘソより上の身体の穴はすべて清らかだ。ヘソより下は清らかではない。少女の場合は全身が清らかだ」

まあ、これもすべての宗教に共通している「聖なるウソ」の一種なのでしょうが。

法律は人間が作ったものではない

キリスト教の目的と『マヌ法典』の目的を比べてみれば、キリスト教のいかがわしさが明らかになるでしょう。

犯行現場でスポットライトをあてられたようなものです。見ているほうは、思わず笑ってしまいますよね。

『マヌ法典』は、他のあらゆるすぐれた法典と同じように、何世紀もの長い時間をかけた経験と、そこから生まれた知恵によってできています。それはもう決定版とでも呼べるもので、新たに作っていくようなものではありません。

こういった法典を作るときの前提になるのは次のような考えです。

それは、長い時間と多くの犠牲を払ってやっと手に入れた「真理」に権威を与えることと、その「真理」を証明することは、まったく別であるということです。

法典には、法律の効用や根拠、法律ができあがる前の疑いなどは書いてありません。なぜなら、それを言ってしまったら「〜しなければならない」という法律の命令文を守るための前提を失ってしまうからです。

問題はちょうどこの点にあります。

一民族がある時点まで発展すると、その中で歴史をするどく観察している人たちは、「私たちの人生を託す社会は、すでにできあがり、決着してしまった」と宣言します。なぜなら、新しい経験を受け入れて社会が揺れ動いていくよりも、これまで収穫したもので、できるだけ豊かに暮らしていきたいと考えるからです。

それなので、社会の価値が定まらずフワフワしている状態は、避けなければならない。また、決められた価値に対していつまでも、考えたり、選んだり、批判したりすることも同様に避けなければなりません。

では、これをどう正当化するのでしょうか。

まず、第一は「啓示」を使う方法です。

「人が法律を守らなければならないのは、法は神から与えられたものだからだ。人々がゆっくりと時間をかけて探求し、失敗をくりかえしながら法を見つけだしたのではない。神からのお告げという奇跡があったのである」

もう一つは、伝統を使う方法です。

「この法は大昔にすでにできあがっていたのだ。これに疑問を持つのは、祖先に対して失礼であり、祖先に対する犯罪だ」

要するに、法の権威を、「神から与えられたものだから」「祖先が守ってきたものだから」と理由づけしているわけですね。

これはなるほどと思います。長い間つちかわれてきた経験によって、意識的なものを排除していこうというわけです。

こうして、民族の本能というものは生まれます。これは、民族が生きていくための名人芸とでも呼べるテクニックで、これによって民族はまとまるわけですね。

『マヌ法典』みたいな法典を作ることは、民族が言ってみれば「生き方上手」になることです。よりよい人生の追求を、その民族に許すということなのですね。

平等主義は「悪魔の思想」

私がこれまでお話ししてきた「聖なるウソ」の目的は、民族を無意識にすることでした。身分階級の秩序、最高の法、支配する法といったものは、人間がなにも手を加えていない本当の自然の秩序、自然の法則性をただ認めたものです。近代的な理念では、それらを左右することはできません。

健全な社会であれば、人間は自然と三つの異なるタイプに分かれます。精神がすぐれている人、筋肉や気性が強い人、そしてそれ以外の凡人。もっとも凡人が大多数ですね。それ以外の選ばれたエリートは、ごく少数だと思います。この少数者は、高貴な者の特権を持っています。その特権には、「幸福」や「美」「善意」などを地上に実現させることが含まれています。

また、精神的な人間たちには、美しいものを味わうことが許されています。彼らにおいては、「善意」は弱さとはならないのですね。

美しいものは、少数者のものです。

だから、「善意」も一つの特権なのです。

汚い手を使ったり、ものごとを悲観的に眺めたりする。ものごとを醜くとらえる眼。あるいは、ものごとの全体像に対して、むやみに腹を立てる。そういうのは下層民の特権です。

「世界は完全である」ともっとも精神的な者の本能は言います。不完全なものやレベルの低いものも世の中にはたくさんありますが、そういうものを全部含めたうえで、完全だと言うのです。

もっとも精神的な人間は、強者の自覚を持っています。それなので、他人が「もうダメだ」と言いだすところに、迷路の中に、厳しい人間関係の中に、そしてものごとを試してみることの中に、自分の幸福を見つけます。

彼らは自制を求めます。

精神的な人間は、我慢することを自分の本能とする。そのような重い課題を彼らは特権とみなすのですね。そして、弱い人間だったら圧《お》しつぶされてしまうと感じるような重荷を、もてあそぶのです。

精神的な人間は敬われるべきですが、同時に彼らは快活で、愛すべき人間でもあります。

彼らは支配を行いますが、彼らがそうしたいのではなくて、彼らの存在がそもそもそうなのです。

彼らは、「二番目の人」に成り下がることはできません。「二番目の人」とは、もっとも精神的な人の近くにいて、支配を行うときのゴタゴタした面倒くさい問題を引き受ける人のことです。要するに彼らは、もっとも精神的な人の右腕となって働いているわけですね。

このように、人間が区別されているのは自然なことです。

これは、人間が意識的に作った制度ではありません。

もし例外があるとしたら、それは人間が自然をゆがめて作ったものです。

身分階級の秩序というものは、人間が生きていくうえで、一番上にくる法則です。

人間を三種類の階層に分けることは、社会を維持していくために、よりよい形に高めていくために必要なのです。

権利の不平等こそ、権利があることの条件です。

権利は特権なのです。

もちろんそれぞれの人には、それぞれの特権があるはずです。

平凡な人にも特権があります。そして、もっとも精神的な者たちは、そういった平凡な人が持っている特権を見くびることはありません。

なぜなら、高い場所を目指す生き方というのは、上に行くにつれ冷気が増し、責任が重くなっていくからです。

要するに、高い文化とはピラミッドのようなもので、広い地盤の上にのみ築くことができるのですね。

だから、大勢の平凡な人たちの存在が大切なのです。

手工業、商業、農業、学問、芸術といった仕事の大部分は、ほどほどの能力とほどほどの欲望によって成り立っています。それは、貴族主義とも無政府主義とも関係がないものでしょう。

人が、公共の利益のために一つの歯車として働くことは、ごく自然なことです。

彼らを歯車として働かせているのは、社会ではありません。単純に「自分には何かをする能力があると感じる幸福感」がそうさせているのです。平凡な人にとっては、平凡であることが一つの幸福なのですね。

一つの能力によって専門的な仕事をするのが、人間の自然な本能です。高い文化はこういった平凡さの存在を条件としています。だから、平凡な人をバカにしてはダメなのです。

例外的な人間が平凡な人間を、思いやりを持って大切に扱うのは、単なるマナーの問題ではありません。それは、一言で言えば例外的人間の義務です。

世の中にはみすぼらしくていやらしい人間がたくさんいます。

その中でも一番下等なのは社会主義者でしょう。

仕事に対する意欲、働く楽しみ、仕事を成し遂げたときの満足感。それらに対し、いやらしい悪意を持って攻撃するのが、社会主義者という名の下層民です。

労働者を嫉妬《しっと》させ、復讐を教えるのが彼らのやり方です。

不正は決して権利の不平等にあるのではありません。

不正は権利の「平等」を要求することにあるのです。

これまで言ってきましたように、「弱さ」「嫉妬」「復讐」から、劣悪なものは生まれます。

無政府主義者とキリスト教徒は、結局同じ穴のムジナなのですね。

キリスト教が破壊したローマ帝国

人がウソをつくときって、どんなときでしょうか。やはり、そのウソによって何かを守るときか、あるいは破壊するときでしょう。これらは相反するものですね。

しかし、キリスト教は無政府主義者と同じなので、破壊のみを目指すのです。

歴史を振りかえれば明らかです。まさに歴史が証明しています。

先ほども言いましたが、宗教的な法の目的は、人生をよりよくするためのいろいろな条件や、社会の偉大な組織を「永遠化」させることです。

偉大な組織では、人生が豊かになるからこそ、キリスト教はそれに対して攻撃を仕掛けるのです。

『マヌ法典』では、長い年月をかけて手に入れた収穫は、より利益を高めるために上手に運用し、より大きく豊かに、完全に持ち帰るべきものとされています。

反対に、キリスト教はローマ人の巨大な業績を一夜のうちにぶち壊しました。

キリスト教は世界を破壊しつくしてしまった。

キリスト教と無政府主義者は、両方デカダンスです。解体したり、害毒を与えたり、歪曲《わいきょく》したり、血を吸う以外には何の能力もありません。立っているもの、持続するもの、未来を約束するもの、すべてに対する恨みと呪いの固まりなのです。

キリスト教徒はローマ帝国の血を吸いつくしました。

ローマの歴史は素晴らしいものでした。本当はローマ帝国はさらに大きくなるはずだった。ローマ帝国という驚くべき大規模な芸術作品は、まだ一つの始まりであり、数千年もの時間がたって真価を発揮するようなビッグプロジェクトだったのです。

これほどの大事業は、歴史上で、かつて一度も行われたことがありませんでした。

ローマ帝国は偉大でした。たとえ、ろくでもない人間が皇帝になったとしても、土台が揺らぐことはありませんでした。誰が皇帝になろうと、そんなものは偶然にすぎず、ほとんど関係ないのです。

実はこれがすべての偉大な建築物の条件なんですね。

しかし、そんな偉大なローマ帝国でさえ、腐り果てたキリスト教徒を防ぐことはできませんでした。

ウジ虫たちは、暗闇や霧にまぎれてコソコソと人々に忍び寄り、「真なるもの」に対する真剣さ、現実の世界で生きていくための本能を、人々から吸い取っていきました。そして一歩一歩、ローマ帝国という巨大な建築物から「魂」を奪っていったのです。

ローマ帝国の人々は、自分の国に対して、自分の意見を持ち、真剣さと誇りを持っていました。ところが、その男性的で高貴な本性が奪われてしまったのです。

偽善者たちの陰謀が、ローマを支配して主になってしまった。

「地獄」「罪なき者の犠牲」「血を飲むことでの神秘的合体」といった気持ちの悪いヨタ話が、下層民の恨みつらみによって広まっていきました。

かつて、古代ギリシアの哲学者エピクロスは、「負い目」「罰」「不死」といった考え方によって魂が汚されることを批判しました。

それについて、ローマの哲学詩人であるルクレティウスが『物の本質について』という本を書いているので、一読してみるのもいいでしょう。

エピクロスは、地下的な礼拝と、キリスト教的な発想すべてに対して闘いを挑んだのです。彼が「不死」を否定したことは、それこそ本当の救済と言っていいでしょう。

エピクロスは勝利をおさめるかに思われましたし、ローマ帝国のあらゆる尊敬すべき人たちは、皆エピクロスのような考えを持っていました。

ところが、そこにパウロが現れたのです。

ローマに敵対し、「世界」に敵対する下層民、恨みつらみの天才、ユダヤ人の中のユダヤ人、選りぬきの永遠のユダヤ人であるパウロが登場したのです。

パウロはこう考えました。

ユダヤ教から離れたキリスト者の小さな宗派運動を利用して、世界を焼き払ってしまおうと。「十字架にかけられた神」というお話を使って、人々をダマしてやろうと。ローマ帝国の中で、ねじ伏せられている下層民、反乱を起こしたがっている連中、陰謀を持っている無政府主義者など、すべてのものの巨大な力を利用してやろうと。

「救いはユダヤ人から来る」（ヨハネ伝四の二二）とは、よく言ったものです。

パウロはあらゆる種類の地下的な礼拝を利用したのです。

頭がいいというか、ずる賢いというか。

パウロはそういった概念によって、真理を攻撃し、「救い主」をでっちあげて、自分に都合のいいことを語らせたのです。

パウロは気づいてしまったのです。

「この世」を無価値にするためには、「不死の信仰」が必要であることを。

そして「地獄」という概念を使えば、ローマを支配することができることを。

「あの世」を使って人々をおどせば、この世界をつぶすことができることを。

ローマ帝国

古代西洋最大の帝国。前八世紀頃、ラテン人がイタリア半島のテベレ川沿いに都市国家を建設。ポエニ戦争に勝利し、地中海沿岸一帯を支配した。前二七年には、オクタビアヌスが帝政をしき領土を拡大。最盛期の五賢帝時代には、大西洋岸から小アジアにまで及ぶ大帝国になった。三九五年東西に分裂。

ルクレティウス（前九四年頃〜前五五年頃）

ローマ共和政期の詩人・哲学者。「宇宙は原子で構成されている」というエピクロスの世界観をテーマに、唯一の著書の哲学詩『物の本質について』（全六巻）を執筆。自然や神々に関する人々の迷信や誤解に闘いを挑み、死後の罰の恐怖から人間を解き放とうとした。後年、唯物論に大きな影響を与えた。

イスラムにバカにされるのは当然

要するに、古代世界の全事業は徒労に終わってしまったわけです。これは言葉では表現できないくらいものすごいことなんですよ。

その事業はまだまだ準備作業の段階でした。数千年もかかる事業の基礎工事が、やっと確信を持って始められたばかりだったのです。

しかし、それがムダになってしまった。ギリシア人やローマ人が一生懸命やったことが全部ムダになってしまった。

すべての文化や学問の前提となる科学的方法は、すでにそこに存在していたのです。自然科学は、数学や力学と手をとりあって、順調に発展していました。「事実をきちんとつかむ」という、もっとも価値のある究極的な感覚が、すでに数千年の古い伝統となっていたのです。

皆さん、おわかりになりますでしょうか。

大きな仕事に手をつけるための、すべての本質的なものが、すでに発見されていたのです。

もっとも本質であり、もっとも難しいもの。習慣やなまけ癖を乗り越えて、やっと手に入れたもの。それらが、キリスト教によって破壊されてしまったのです。

今日の私たちは、言葉にはできないほどの注意をして、自分を乗り越えなければなりません。なぜなら私たちは皆、劣悪なキリスト教の本能を体内に持っているからです。

われわれのために取り戻したもの、すなわち、自由なまなざし、慎重な手法、ささいなことについての忍耐と真剣さ、認識の正直さ、これらのものが二〇〇〇年以上も昔に、すでにあったのです。

これらは、表面的な知識や、がさつなドイツ的教養として存在していたのではありません。肉体のレベルで、身振りのレベルで、本能のレベルで、一言で言えば、現実的に存在していたのです。

しかし、すべてのものが徒労に終わってしまった。一夜のうちに単なる思い出になってしまったのです。

ギリシア人やローマ人が持っていた高貴な本能、趣味、方法的な研究、組織と管理の優秀な技術、信念、人類の未来への意志、そういった大切なものが、一夜のうちに葬り去られてしまった。

すべてのものごとに対する肯定。これは小手先の技術の問題ではありません。ローマ帝国の「様式」が偉大だったのです。

それが徒労に終わってしまった。

しかも、自然災害でダメになったのではありません。外国人に踏みつぶされたのでもありません。ずる賢く、陰に隠れていて姿を見せない、血に飢えた吸血鬼によって辱められたのです。打ち負かされたのではなく吸いつくされた。そして、隠された復讐心や、嫉妬が支配者となってしまったのです。

すべての憐《あわ》れむべきもの、苦しむもの、劣悪な感情に悩まされるもの、つまりユダヤ人街のような心の汚れた世界が一気に広がってしまったのです。

それではなぜ、こういった汚い人間が上位を占めてしまったのか。

それを理解するためには、キリスト教をあおった人間、たとえば聖アウグスティヌスが書いたものを読めば十分でしょう。

聖アウグスティヌス

しかし、ここで、キリスト教運動の指導者たちに論理的な思考能力がなかったと考えるのは間違いです。彼らは非常に頭がよかった。彼らに欠けているのは、何かまったく別のものです。つまり、自然が彼らをなおざりにしてしまったのです。

尊敬すべき、品位のある、清潔な本能という最低限のものを、自然は彼らに与えることを忘れてしまったのですね。

ここだけの話ですが、彼らは一人前の男ですらありません。イスラム教はキリスト教をバカにしていますが、彼らにはその権利があります。なぜなら、イスラム教は男性を前提にしているからです。

聖アウグスティヌス（三五四～四三〇）
初期キリスト教会最大の神学者。北アフリカ生まれ。当初はマニ教を信仰していたが、ミラノで洗礼を受けキリスト教に改宗。故郷の北アフリカに戻り、ヒッポの司教に就任する。「人間は神の絶対的恩恵によってのみ救われる」のであり、教会は絶対的存在であるとした。著書に、『告白』『三位一体論』など。

十字軍は海賊

私たちはキリスト教に古代文化の収穫を奪われてしまいました。そしてその後、またもやイスラム文化の収穫を奪われたのです。

スペインは、ローマやギリシアよりも、ドイツと血縁の近いところだと思いますが、かの地で栄えた驚嘆すべきイスラムの文化世界は、キリスト教の十字軍の騎士によって踏みにじられてしまいました。

なぜ踏みにじられたのか。それは、イスラムの文化世界が、高貴な本能、男性の本能ででていたからです。また、イスラム教徒の生活が、とびきり洗練されていて、華麗であり、人生を肯定していたからです。

十字軍の騎士たちは、むしろその前では頭を下げなければならない相手と戦いました。イスラムの文化に比べれば、一九世紀のドイツ文化ですら、きわめて貧弱で、遅れているものなのですから。

もちろん、十字軍の目標は金品を収奪することです。東方の国はリッチでしたからね。遠慮せずに言わせてもらうと、十字軍とは、高級な海賊にすぎないのです。海賊にすぎないドイツの貴族が、その本領を発揮しただけです。教会はどうやったらドイツの貴族をうまく利用することができるのかを、あまりにもよく知っていたということなのでしょうね。

ドイツの貴族は常に教会を守り、常に教会の劣悪な本能に奉仕してきました。教会は、ドイツ人の剣と勇気、流血の力を借りて、すべての高貴なものへの攻撃を仕掛けたのです。

本当に胸が痛みます。

実際、ドイツの貴族は高級文化の歴史にはほとんど姿を現しません。その理由は簡単。「キリスト教とアルコール」。これは、腐敗する二つの大きな原因なのです。

アラブ人とユダヤ人を前にする場合と同じように、イスラム教とキリスト教を前にすれば、選択の余地は絶対にないはず。

決定はすでにされています。

今さら、選択する自由なんて誰にもありません。要するに、人は下層民であるか、そうでないかのどちらかだということです。

偉大な自由精神を持っていたドイツ皇帝フリードリッヒ二世は、「ローマとは白刃を振って戦え。イスラム教とは平和、友好」と語り、実行しました。

きちんとした感覚を持つことは、ドイツ人の場合、よほどの才能と自由精神を持っていなければ難しいのでしょうか。

十字軍

一一世紀末から一三世紀にかけて、七回にわたり行われたキリスト教徒の遠征。ローマ教皇ウルバヌスニ世が指令を出したのが最初。聖地エルサレムからイスラム教徒を追放する目的は、結局果たされなかったが、教皇権の拡大や東方貿易の利権確保、イスラム文化からの収奪などで、巨大な富を得た。カトリック教会の覇権を東方正教会園まで広げる目的もあった。

フリードリッヒ二世（一一九四～一二五〇）

ホーエンシュタウフェン朝の神聖ローマ皇帝、およびシチリア王。中世ヨーロッパで最初の国法典を制定。最先端の科学や芸術に通じ、九ヵ国語を話し、七ヵ国語の読み書きができたと言われる才人で、イスラムの文化を高く評価する寛容さを持ち合わせていた。十字軍の遠征に積極的でなかったため、ローマ教皇と対立し、「反キリスト」と非難された。

ルネサンスは反キリスト教運動

ここで、ドイツ人にとっては苦々しい思い出に触れる必要があります。最後の偉大な文化の収穫だったルネサンスが、バカなドイツ人のせいで失われてしまったことをです。

これを最後に理解していただきたいのです。

ルネサンスとは、キリスト教的なあらゆる価値を転換させることにほかなりません。

キリスト教の反対の価値、つまり高貴な価値が勝利をもたらすように、最高の知性が集まってくわだてられた試み。この偉大な闘いがルネサンスなのです。

ルネサンスはいまだかつてなかった強い強い問いでした。

そして、私が言っていることは、ルネサンスが発した問いなのです。というのも、ルネサンスほど根本的で単刀直入にキリスト教の中心部に切り込む攻撃の方法は、それまでなかったからです。

キリスト教の中心部に、決定的な地点で攻撃を仕掛けること。そして高貴な価値を王位につけること。

ルネサンスは素晴らしい魅力と可能性の広がる事業でした。その可能性は美しく光り輝いていました。そこでは一つの芸術が始まっており、それは悪魔と見間違えてしまうほど神々しかった。何千年かかっても、次の可能性は決して見つからないようなものでした。

私は一つのお芝居を思い浮かべます。それは非常に意味が深く、驚くべき逆説的な光景です。オリンポスの神々もこれを見たらきっと大笑いするでしょう。

そのお芝居では、イタリアの君主チェーザレ・ボルジアが法王の立場にいる。

私の言っている意味がおわかりになりますでしょうか。

こういうことが起こっていれば、それこそ勝利だった。今日、私だけが望んでいること

が、勝利を占め、キリスト教が除去されたはずでした。

ところが、一人のドイツ人修道士ルターがローマにやってきた。復讐心の強いこの修道士

が、ローマでルネサンスに対抗して立ち上がったのです。

当時のローマではキリスト教という病気は克服されていました。それも、本拠地におい

て。本来ならそれに感謝しなければならないはずなのに、ルターはキリスト教を都合よく利

用することしか考えていませんでした。宗教的人間というのは本当に自分勝手なのですね。

ルターは法王が堕落していると思いました。しかし、本当はまったく逆だったのです。

当時、法王の座にキリスト教はいませんでした。そこに座っていたのはキリスト教なんか

ではなく、「生」だったのです。「生きること」に対する勝利の歌。すべての高くて、美し

い、大胆なものごとへの肯定だったのです。

ところが、ルターは教会を復活させてしまった。

彼が教会を「堕落している」と言って攻撃したからです。

そのせいで、ルネサンスは大いなる徒労となってしまいました。

こうしたバカなドイツ人のせいで、今、私たちは大きな被害を受けています。

本当に、ドイツ人はろくなことをしません。

宗教改革、ライプニッツやカントなどのドイツ哲学、さまざまな「解放」戦争、帝国。どれ一つをとっても、すでにそこにあったものを、二度と回復できないような徒労に終わらせるものでした。

こういうドイツ人が私の敵なのです。

私は、彼らの考え方や価値観のうす汚さ、誠実な判断に対する臆病を軽蔑します。

ここ一〇〇〇年もの間、彼らの指が触れたものは、すべてよれよれに、もつれてしまっています。

彼らは、キリスト教という病気によって腐っているのです。

ヨーロッパに病気を広げたのは、ドイツの責任です。

この世に存在するもっとも不潔な種類のキリスト教、ほとんど治る見込みのない重病のキリスト教、つまりプロテスタンティズムについても、ドイツには責任があります。

今すぐに、キリスト教とけりをつけないのなら、その責めはドイツ人自身が負うべきでしょう。

チェーザレ・ボルジア（一四七五頃〜一五〇七）

イタリアの君主。ルネサンス期のイタリアで権力を持ったスペイン系の名門貴族の家系に生まれる。権謀術数にたけており支配領域を拡大した。政治をキリスト教的倫理観から解放したイタリアの政治理論家マキャヴェリは、著書の『君主論』で、ボルジアをイタリアの混乱を救済する理想的君主として描いた。

ライプニッツ

宗教改革

一六世紀のヨーロッパで発生したキリスト教の革新運動。ルターが免罪符の販売とカトリック教会の腐敗を攻撃したことによって全ヨーロッパに広がり、数多くの紛争を引き起こした。立ち上がったのは主に無教養な農民で、後の農民一揆やプロテスタントの発生へと結び付いていった。

ライプニッツ（一六四六〜一七一六）

ドイツの哲学者。一七世紀の諸学問の体系化を図った。世界全体をモナド（単子）の集まりとみる存在論を提唱し、数学の分野では、ニュートンとは別に微積分法を発見した。また、カトリックとプロテスタントの両教会を合同させる試みにも参加。著書『弁神論』では神の存在を擁護した。

プロテスタンティズム

一六世紀の宗教改革により発生したキリスト教の分派であるプロテスタントの思想の総称。プロテスタントは、現在、カトリック・ギリシア正教に並び、三大宗派の一つとなっている。中心教義は、「人は信仰によって救われる」とする信仰義認論《ぎにんろん》と、聖書を信仰の唯一の根拠とする聖書主義の二点。

おわりに　被告・キリスト教への最終判決文

これで私は結論に達したので、判決を下します。

被告・キリスト教は有罪です。

私はキリスト教に対して、これまで告訴人が口にしたすべての告訴のうちで、もっとも恐るべき告訴をします。どんな腐敗でも、キリスト教以上に腐っているものはないからです。

キリスト教は、周辺のあらゆるものを腐らせます。

あらゆる価値から無価値を、あらゆる真理からウソを、あらゆる正直さから卑怯な心をでっちあげます。

それでもまだ、キリスト教会の「人道主義的」な祝福について語りたいなら、もう勝手にしろとしか言えません。

キリスト教会は、人々の弱みにつけこんで、生き長らえてきました。

それどころか、自分たちの組織を永遠化するために、不幸を作ってきたのです。

たとえば、「罪悪感」。それを作ることによって、はじめて教会が人間を「豊かにする」ことができるわけです。

「神の前における魂の平等」というカラクリ。いやらしい人間の恨みつらみをごまかすための言い訳。

革命、近代的理念。社会秩序を壊す呪文。

それが、キリスト教というダイナマイトだったのです。

「人道主義的」祝福とはよく言ったものです。人間の中に矛盾を、汚れを、ウソを、あらゆる本能に対する軽蔑を作り上げることが、キリスト教の世界では「祝福」となるのですから。

キリスト教会という寄生虫は、その「神聖」な理想でもって、あらゆる血を、あらゆる愛を、人生へのあらゆる希望を飲みほしてしまったのです。

彼らは、目の前にある現実を否定するために、「あの世」を作り出しました。そして十字架は、かつて存在した中で、もっとも地下的な反乱のシンボルでした。

これほどまでに大規模な反乱が歴史上あったでしょうか。健康、美、質のよさ、勇敢さ、精神、すぐれた魂、そして人間の生そのものに反乱したのです。

十字架をかかげて。

私は、キリスト教に対するこの永遠の告訴を、ところかまわずいたるところにかかげようと思っています。

キリスト教は呪いです。

キリスト教は退廃です。

ニーチェと母フランツィスカ

有害で、陰険で、地下的な、巨大な復讐の本能です。

キリスト教は消え去ることのない人類最大の汚点です。

しかも暦《こよみ》は、こういう悲惨なことが始まった縁起の悪い日をもとにして、つまりキリスト教の誕生をもとにして、数えられています。どうして、キリスト教の最後の日をもとにして時を数えないのでしょうか。

今日をもとにして。
すべての価値を転換せよ！

解説――既存の価値体系であるキリスト教を徹底批判

東京大学教授・松原隆一郎《まつばらりゆういちろう》

本書『アンチクリスト―キリスト教批判の試み―(Der Antichrist. Versuch einer Kritik des Christentums)』は四四歳のニーチェが一八八八年に書き、一八九五年に出版された。ニーチェは『力への意志　あらゆる価値への価値転倒』というタイトルで企画し執筆していた原稿群から全体を要約するようにして『偶像の黄昏』を一八八九年に出版したが、当初この作品に含まれていた中からキリスト教にかんする部分を削除し、その削除部分に加筆して成立したのが『アンチクリスト』である。

一八八八年という本書の執筆年次が重要なのは、それがニーチェにとって執筆可能な最後の年となったからだ。この年にニーチェは取り憑かれたかのように膨大な原稿を書き残し、翌年精神錯乱に陥った。彼はそれから母や妹の介護のもと一一年間生き延び、一九〇〇年に没した。発病年次は一八八一年とも一八八八年とも言われている。つまり本書は創作可能であった最晩年に、思索の炎を燃え尽きさせるようにして書き終えた書物なのである。しかもその内容はヨーロッパの思想家たちが二〇〇〇年といったタイムスパンで考えてきたことを転覆させる試みであり、二〇世紀の思想家たちに大きな影響を与えた。

それもあってか、本書はこれまで厳粛な文体をもって日本語に翻訳されてきた。誰もが大衆小説で成功した「超訳」を試みようなどとは、考えもしなかった。ところがこうして文体の衣を大胆に替え『キリスト教は邪教です！』と訳されてみると、一貫した論旨で読めてしまうから不思議なものである。人類の思想史とたった一人で死闘を繰り広げ、今まさに冥界に彷徨《さまよ》おうとしているニーチェが、あたかも街角で説法する講談師のように親しげに読者に語りかけてくるのだ。

もちろん、思想や哲学の古典を一語一語の学術的な意味を汲み取りつつ厳格に訳することの意義が重大であることは、疑いようがない。けれどもニーチェの原文じたいが「先行研究紹介」や「注」や「参考文献」などから構成されることを基本ルールとする学術書の体裁を採っていない以上、学術と異なる文体で訳してはならないとは言い切れない。ましてニーチェ本人が、学界の中ではなく、世間におけるキリスト教の位置づけに異議を唱えているの

ニーチェの生まれた家

だ。「高貴に生きよう」と呼びかけた相手が学者ではなくチマタの読者たちであるとすれば、文体が学者向けの難解なものに限られる必要はないだろう。

このように誰もが「読める」文章であるから付け加えるべき「注」もないのだが、改めて『キリスト教は邪教です！』として読み返した筆者の印象を、一点だけ述べさせていただきたい。ニーチェは本書で、西洋における既存の価値体系であるキリスト教を徹底批判した。「神」や「霊魂」、「彼岸」や「罪」、そして「救い」、「最後の審判」に「復活」といった概念を「真理として信じること」を強いる人々を糾弾した。批判の矢はパウロやカソリック教会だけでなく、教会を批判しプロテスタントを興したルターにも向けられている。

その矢はさらに、キリスト教会的に思考する人々、すなわち「真理」を追求して現実世界にはない「イデア」や「物自体」などの様々な概念を立てたプラトンやカントにも及んだ。だがそれゆえに二〇世紀以降には、ニーチェ自身が何らかの価値を絶対的なものとして押し立てていることへの批判が現れた。つまり「真理を信じること」の強要への批判は、ニーチェ自身にも当てはまるとみなされたのだ。

ニーチェは一八七二年の『悲劇の誕生』において、アイスキュロスからソフォクレス、エウリピデスに至るアッティカ悲劇を、善悪にかかわらず存在するものすべての生を肯定する豊穣な世界として理想視した。そしてそれは、生を思考によって解明し尽くそうとするソクラテスの登場によって没落させられたと主張する。ここではソクラテスもまたキリスト教と同じく批判されているのであり、世界を体験し味わうものとしてあったギリシア的な「よく生きる」あり方が、ソクラテス以降は認識や思考を介して「正しく生きる」ことへと歪められたとみなされた。けれどもこうした主張においては、ニーチェもまた真理を託する世界を想定しているように見える。

実際、ニーチェは後に「永遠回帰」や「超人」という概念を唱えたし、ナチスに親近感を抱いた妹が編纂した『権力への意志』（一九〇六）では遺稿の断片が民族差別を連想させるに並べられた時期もあった。それゆえにとくに二〇世紀の後半においては、あくまで既存の価値を破壊する点にのみ真骨頂を有するものとしてニーチェ思想を解する傾向が現れた。

けれども本書からは、ニーチェが特定の理想世界を押しつけているようには読み取れない。仏教は「罪に対する闘い」ではなく、現実を直視して「苦しみに対する闘い」を説いているとして評価されている。古代インドの『マヌ法典』にも、人生の喜びや勝ち誇った幸福感、女性への思いやりで太陽のごとく輝いているとして好意が寄せられている。それどころかイエスもまた、「罪」や「罰」で彩《いろど》られた信仰をではなく、「よく生きる」ことを実践した偉大な人物として描かれる。つまり「高貴に生きる」方法として、唯一のあり方を不寛容に説いているわけではない。ただ、概念による思考を過剰にふくらませて、現実の中でよく生きようとはしない人々を糾弾したのだ。

（イエスその人ではなく）キリスト教に峻烈な闘いを挑んだニーチェは、「高貴に生きる」生き方にかんしては、意外に寛容なのである。その「寛容さ」を、この現代語訳はうまくすくい取っているように思われるのである。

写真提供　講談社資料センター

フリードリッヒ・ヴィルヘルム・ニーチェ

1844年、ドイツ・ザクセン州に生まれる(1900年没)。哲学者・古典文献学者。ルター派の裕福な牧師の子として生まれ、ドイツ屈指の名門校プフォルタ学院に特待生として入学。その後、ボン大学、ライプチヒ大学を経て、古典文献学の権威フリードリッヒ・リッチュルと出会う。実存主義の先駆者として、あるいは「生の哲学」の哲学者として、そのニヒリズムの到来を説いた哲学が20世紀の文学・哲学に与えた影響には多大なものがある。哲学者としてはハイデガー、ユンガー、バタイユ、フーコー、ドゥルーズ、デリダらが影響を受けた。

著書には『悲劇の誕生』『反時代的考察』『ツァラトゥストラはかく語りき』などがある。

適菜 収

1975年、山梨県に生まれる。哲学者、紀行家。早稲田大学哲学科でニーチェを専攻。卒業後、出版社勤務、日本有権者連盟客員研究員を経て現職。世界各地、日本各地の100以上の都市を訪れ、哲学的生活とは何かを探る。思考と実験の場「はさみとぎ」を主宰。

講談社＋α新書 246-1 A

キリスト教《きょう》は邪教《じゃきょう》です!

現代語訳『アンチクリスト』

フリードリッヒ・ヴィルヘルム・ニーチェ
適《てき》菜《な》 収《おさむ** ©Osamu Tekina 2005

2005年 4 月20日第 1 刷発行
2023年 6 月15日第28刷発行

発行者——— 鈴木章一
発行所——— 株式会社 講談社
東京都文京区音羽2-12-21 〒112-8001
電話 編集(03)5395-3522
販売(03)5395-4415
業務(03)5395-3615

カバー写真——— 共同通信社、講談社資料センター
デザイン——— 鈴木成一デザイン室
カバー印刷——— 共同印刷株式会社
印刷——— 株式会社新藤慶昌堂
製本——— 株式会社国宝社

KODANSHA

定価はカバーに表示してあります。

落丁本・乱丁本は購入書店名を明記のうえ、小社業務あてにお送りください。

送料は小社負担にてお取り替えします。

なお、この本の内容についてのお問い合わせは第一事業局企画部「＋α新書」あてにお願いいたします。

Printed in Japan
ISBN978-4-06-272312-3

講談社＋α新書

生命《いのち》のバカ力《ぢから》 人の遺伝子は97％眠っている
村上和雄
科学が証明した、人間が不可能を可能にする隠された力！ それを引きだす9の方法を示す！
880円 167-1 C

蕎《そ》麦《ば》の蘊蓄《うんちく》 五味を超える美味しさの条件
太野祺郎
全国1500店以上を食べ歩いた〝蕎麦食い〟だから言える本当に旨い蕎麦。店名リスト付き
780円 168-1 D

40歳からの家庭漢方 体に効く食べ物・ツボ・市販薬
根本幸夫
日常よくある〝ちょっとヘン〟な症状や危険シグナルを早期解決!! ダイエット・美肌効果も
840円 169-1 B

最古参将棋記者 高みの見物
田辺忠幸
現役最古参、七大タイトル戦など、観戦記者歴五十年の著者だから書けた将棋界の秘話実話
840円 170-1 D

汚職・贈収賄 その捜査の実態
河上和雄
意外に知らない汚職事件の捜査や公判の実態！ 元東京地検特捜部長が明かす、その真実の姿
880円 171-1 C

親鸞と暗闇をやぶる力 宗教という生きる知恵
上田紀行 高史明 芹沢俊介
苦悩や生きづらさを大逆転！ 親鸞の教えに癒され、励まされる。「生きる力」がつく本！
800円 172-1 A

大阪あほ文化学 オモロイヤツがエライ!!
読売新聞大阪本社
アホになりきれる強さが、ほんものの文化を創る!! なぜ大阪がパワフルなのかがわかる一冊
780円 173-1 C

フグが食いたい！ 死ぬほどうまい至福の食べ方
塩田丸男
フグは日本人の食の頂点。究極の美味をめぐるうんちく満載、フグ屋へ行く前に必ず読む本！
880円 174-1 B

「幸せ脳」は自分でつくる 脳は死ぬまで成長する
久恒辰博
世界的大発見!! 誰でもいつでも脳を賢くできる!! 世界一幸せになれる10の科学的メソッド
780円 175-1 B

患者第一 最高の治療 患者の権利の守り方
岡本左和子
自分の健康と命、本当に医者任せでいいのか？ 全米最良病院に学ぶ患者本位の医療の受け方！
780円 176-1 B

100年住める家のつくり方 住宅の価値は「安心」にある
中田清兵衛
間取り、災害被害の防止、防犯、欠陥保障、100年住宅。住まいの安心はこの5つで決まる
800円 177-1 D

表示価格はすべて本体価格（税別）です。本体価格は変更することがあります

講談社+α新書

たった4単語で通じる丸暗記英会話　レイ鈴木
1単語から4単語まで、簡単だから覚えられる。学校では教わらない、使える、通じる英会話!!
876円 209-1 C

江戸300年　大商人《おおあきんど》の知恵　童門冬二
江戸文化を生み出した商人たちの珠玉の経営手法を堪能《たんのう》する。やっぱりお江戸はおもしろい！
876円 210-1 C

朝3分の寝たまま操体法　西本直
肩、腰、膝、股関節の痛みの原因は体の歪みにある。布団の中で万病を治す9つの快楽健康術
781円 211-1 B

朝日新聞記者が書いたアメリカ人「アホ・マヌケ」論　近藤康太郎
新聞で全部ボツになった危ない話・本当すぎる話！　全米二百以上の街で取材した渾身のルポ
800円 212-1 C

朝日新聞記者が書けなかったアメリカの大汚点　近藤康太郎
評論家各氏が絶賛したベストセラーの第2弾!!　映画「華氏911」ではアメリカはわからない!!
800円 212-2 C

中国人を理解する30の「ツボ」　考えすぎる日本人へ　李景芳
なぜ、お互いにうまくいかなかったのか。中国人のアタマ、ここを押せば、必ず見えてくる！
876円 213-1 C

昭和天皇の料理番　日本人の食の原点　谷部金次郎
麦入りご飯、焼き魚、漬物……つつましやかで健康的な食生活を貫いた天皇の食とお好み！
781円 214-1 C

畑のある暮らし方入門　土にふれ、癒される生活　小川光
大自然を相手に、くだものや野菜をつくる喜び。農業を志す人々の夢をかなえる手伝いをします!!
838円 215-1 C

女はどんな男を認めるのか　10歳からの男と女の基本　勢古浩爾
初心者にもベテランにも効く本邦初の「愛」の指南書。膝を打つ名言の数々。読む惚《ほ》れ薬!!
838円 216-1 C

賢い食べ物は免疫力を上げる　上野川修一
毎日の食事が免疫力を左右するのはなぜか。ミルク一杯でも病気が治る仕組みを科学的に実証
800円 217-1 B

日常生活で英語「感覚」を磨く　笹野洋子
日々の暮らしや旅行先での英語がらみの楽しい話、意外な話。「日常ながら英語」のすすめ！
781円 218-1 C

表示価格はすべて本体価格（税別）です。本体価格は変更することがあります